AUSSICHTSREICH.

Bibliografische Information der Deutschen Nationalbibliothek
Die Deutsche Nationalbibliothek verzeichnet diese Publikation in der Deutschen Nationalbibliografie; detaillierte bibliografische Daten sind im Internet abrufbar: http://dnb.d-nb.de

2. Auflage 2022

Fotos: Umschlag, Angelika Schwarz, Meran
Umschlaggestaltung: Athesia-Tappeiner Verlag, Bozen
Design: Studio Mut, Bozen
Layout: Athesia-Tappeiner Verlag
Druck: Athesia Druck, Bozen
Papier: Umschlag Constellation Snow E/49 Country, Innenteil Magno Volume

Gesamtkatalog unter
www.athesia-tappeiner.com

Fragen und Hinweise bitte an
buchverlag@athesia.it

ISBN 978-88-6839-479-0

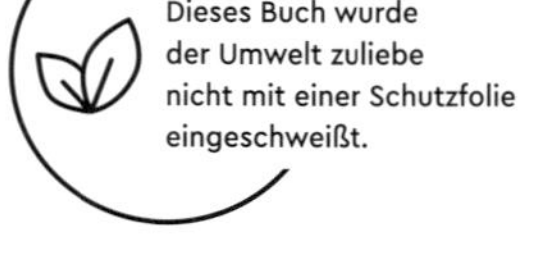

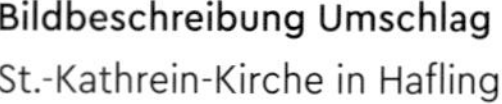
Bildbeschreibung Umschlag
St.-Kathrein-Kirche in Hafling

MARLENE LOBIS

Insider-Guide Südtirol

AUSSICHTSREICH.

Erlebnisse rund um die Alpine Straße der Romanik

Hautnah archaische Bräuche wie das »Klosn« in Stilfs erleben → S. 47

→ S. 128

⑮ Die Burgkapelle St. Stephan erwandern und das atemberaubende Panorama genießen

→ S. 101

⑨ Im Kloster St. Johann in Müstair Ruhe und Einklang finden → S. 71

Kulinarische Raritäten
wie die Palabirne
verkosten → S. 47

Das Vinschger Korn und
andere typische Produkte
der Region kennenlernen →S. 34

㉕ Die mystischen Fabelwesen von St. Jakob in Kastelaz erkunden → S. 151

Auftakt

Dieser Reiseführer entlang der »Alpinen Straße der Romanik« führt Sie zu kunsthistorischen Schätzen in der abwechslungsreichen Südtiroler Landschaft zwischen dem Reschenpass im Obervinschgau und dem Süden Südtirols, mit einem kurzen Abstecher nach Graubünden.

Es mag auf den ersten Blick verwundern, dass genau hier in der scheinbar unzugänglichen Berggegend noch *so viele erhaltene romanische Bauten und der reichhaltigste Fundus romanischer Wandmalereien in Europa* zu finden sind.

Die Region ist seit jeher ein Durchzugsgebiet, eine Drehscheibe zwischen Süd und Nord, Ost und West. Es ist also kein Zufall, dass die *Alpine Straße der Romanik* großteils an der antiken Alpentransversale »Via Claudia Augusta« entlangführt – auch die Römer nutzten die niedrigsten Pässe, den Reschenpass und den Brennerpass, um die Alpen zu passieren. Im Mittelalter war das »Land im Gebirge« ein mehrsprachiges Gebiet, das in den Händen von verschiedenen Bistümern, aufstrebenden Adelsfamilien und Feudalherren lag.

Der europaweite wirtschaftliche Aufschwung im 12. Jahrhundert brachte Bewegung ins Land: Händler mussten ihre Ware von Nord nach Süd, weitaus öfter aber von Venedig, dem Tor zur Seidenstraße, in den Norden karren. Das Pilgertum erlebte einen wahren Boom, man wollte meist nach Rom, Jerusalem oder Santiago de Compostela. Könige und Kaiser des Heiligen Römischen Reichs zogen durch das Alpengebiet nach Rom zum Papst, während Ritter, Adlige und Bischöfe an den Kreuzzügen teilnahmen. Burgen und Klöster entstanden und wurden zu wichtigen kulturellen Zentren. Die Straßen und Dörfer wurden ausgebaut, und an den wichtigen Verkehrsrouten, die durch das Land führten, wurde eine Vielzahl an Hospizen und Kirchen errichtet.

Das 12. und 13. Jahrhundert waren eine Blütezeit im Gebiet südlich der Alpen: Der zunehmende Verkehr brachte den weltlichen und geistlichen Machthabern durch Weggebühren, Münzprägestätten und lokale Dienstleistungen für die Reisenden viel Geld ein. Es kamen aber auch in rasantem Tempo neue Entwicklungen und künstlerische Impulse von allen Seiten und zahlreicher als zuvor ins Land: So herrschten für das Kunstschaffen ideale Bedingungen zur Zeit der Romanik. Hierzulande wurde dabei offensichtlich besonders viel Wert auf die prächtige Ausmalung der sakralen Bauten gelegt, und überraschenderweise auch in den architektonisch einfacheren Dorfkirchen – die heute den Großteil der erhaltenen romanischen Bauten ausmachen – auf hohem künstlerischen Niveau. Die meisten romanischen Werke in Tirol entstanden zwischen 1180 und etwa 1230, beginnend mit der Krypta von Kloster Marienberg.

Wären Sie allerdings im 18. Jahrhundert an der heutigen *Alpinen Straße der Romanik* entlanggereist, hätten Sie nur einige der romanischen Bauten und Türme entdecken können. In den wenigen zugänglichen Innenräumen hätten Sie keine romanischen Spuren gefunden: Einzig in der Burgkapelle von Hocheppan lag zu dieser Zeit ein Fresko an der Altarnische frei – was Sie heute alles an wunderbaren Wandmalereien bestaunen können, lag jahrhundertelang unter vielen

Schichten von Tünche und Putz. Die romanischen Fresken waren irgendwann nicht mehr modern, wurden mit gotischen übermalt, verbaut oder übertüncht.

Dass heute *in Südtirol der größte Bestand an romanischen Fresken im europäischen Raum* zu finden ist, hat aber auch damit zu tun, dass das Land, vor allem der Vinschgau, in späteren Jahrhunderten sehr arm war und schlichtweg keine Umbauten der Kirchen möglich waren. Zudem begann die Denkmalpflege mit konservierenden Maßnahmen und der Erforschung recht früh, gegen Ende des 19. Jahrhunderts. Heute zeigen die romanischen Gebäude und einige Plastiken, insbesondere aber die freigelegten Malereien die Rolle des Gebiets als kulturellen Schnittpunkt. Durch die verschiedenen Einflüsse aus dem süddeutschen und lombardischen Raum, dem Friaul und Salzburg sowie dem byzantinischen Osten entwickelte sich hier eine einzigartige Ikonografie.

Immer wieder werden Entdeckungen romanischer Denkmäler gemacht, die neue Fragen aufwerfen. Sie werden in diesem Reiseführer recht oft die Wörter »vermutlich« oder »wahrscheinlich« lesen – trotz der teils intensiven Forschungsarbeit können viele Aussagen heute nur als Vermutungen und Interpretationen gelten, denn es gibt wenige schriftliche Dokumente aus der Zeit der Romanik. Aber das macht nichts: Genau dieses Rätselhafte und Mystische ist es ja, was das Entdecken der romanischen Fresken, Kulturstätten und ihrer Umgebung so faszinierend macht.

Typisch Romanik

Pfarrkirche St. Johannes, Laas → S. 84

Stiftskirche, Innichen

Woran Sie die Kunstdenkmäler aus der Epoche der Romanik am besten erkennen? Am *Rundbogen*. Er wird aus der Antike übernommen und in der Romanik als ideale Maßeinheit betrachtet. Zusammengesetzt aus den geometrischen Formen Halbkreis und Quadrat, findet er sich nicht nur an Fenstern, Arkaden und Portalen, sondern bestimmt auch die Bauform der Gebäude vom Grundriss bis hinauf ins Gewölbe. Während in der Frühromanik noch dicke Mauern gebaut wurden, damit die Gebäude nicht einstürzten, entwickelten sich die statischen Kenntnisse mit den Experten der »Bauhütten«, die sich gegen Ende des 11. Jahrhunderts für die Bauten zusammenschlossen. Nach und nach wurden die Formen feiner: Statt der brennbaren flachen Holzdecken wurden gewölbte Steindecken in Form von Kreuzgratgewölben eingebaut, Gliederungselemente wie Zahnschnittfriese, Rundbogenfriese oder Lisenen als Mauerblenden eingesetzt, große dreischiffige Basiliken wurden von Pfeilern und Säulen mit Würfelkapitellen getragen. Allgemein wird die Romanik auf die Zeit zwischen dem 10. und 12. Jahrhundert festgelegt. In Tirol begann die romanische Bautätigkeit ab der Jahrtausendwende und wird – im europäischen Vergleich etwas retardiert – vom gotischen linearen Stil erst gegen Ende des 13. Jahrhunderts abgelöst.

Vielmehr als über Jahreszahlen und die typischen Formen lässt sich der Stil der Romanik aber über das inhaltliche Konzept definieren: *Architektur, Skulpturenplastik und das Bildprogramm stehen in der Romanik im Dienst der theologischen Idee des Christentums und der Weltanschauung jener Zeit.* Das sakrale Bauwerk veranschaulicht mit all seinen Elementen die Größe Gottes und die Kraft aus dem Jenseits. Im Bilderkosmos werden das Weltengefüge zwischen Gut und Böse und die unverrückbare Ordnung der christlichen Heilslehre dargestellt. Der heiligste Bereich, die Apsis bzw. der Chorraum, befindet sich im Osten, wo die Sonne aufgeht, von hier kommt der göttliche Segen, während der Mensch als Sünder von Westen her in den Kirchenraum eintritt.

Wenn Sie sich vorstellen, wie einfach die Bevölkerung im Mittelalter lebte, muss so ein prächtiges sakrales Bauwerk ganz schön beeindruckend gewesen sein. Da der Großteil der Menschen damals nicht lesen konnte, hatten vor allem die Bilder eine wichtige Funktion zu erfüllen – als eingängiges Bilderbuch der christlichen Lehre. Auch die Komposition der Bilder entspricht dem theologischen Grundgedanken der göttlichen Ordnung: Am schönsten Platz im Gewölbe des Chorraums, in der sogenannten Apsiskalotte, wird der »Pantokrator«, Christus als Weltenherrscher, auf einem Thron sitzend und von einer kosmischen »Aureole« oder »Mandorla« umgeben, inszeniert. Dieses festgelegte Repräsentationsbild der himmlischen Hoheit ist bevorzugt die Darstellung der »Majestas Domini« (thronender Christus mit den vier

St.-Margareth-Kirche, Lana → S. 137

Schloss Tirol, Dorf Tirol → S. 122

Evangelisten), seltener die »Deesis« (Christus von den Fürbittern Maria und Johannes dem Täufer flankiert) oder die thronende Gottesmutter.

Zum romanischen Bildrepertoire gehören außerdem die Dramen der Heilsgeschichte und die vorbildhafte Lebenshaltung der Heiligen sowie ihre Bereitschaft zu Opfern und Martyrien ebenso wie die Darstellung des Bösen und Dämonischen in Form von Bestien und triebhaften Fabelwesen, die in der Unterwelt und im Chaos verloren sind. *Der romanische Bilderkosmos ist somit eine Mischung aus Frohbotschaft und Drohbotschaft und hat als Schaubild göttlicher Ordnung eine deutliche didaktische Funktion.* Der Mensch ist in diesem Bilderkosmos und Weltengefüge Teil der Schöpfung und steht im Chaos des irdischen Lebens zwischen Gut und Böse: Er kann zwischen Höllenqualen und dem Eingang ins prächtig dargestellte, himmlische Jenseits wählen.

Schloss Tirol, Dorf Tirol →S. 122

Kloster auf Zeit

Wie ein Adlerhorst schmiegt sich das ① *Kloster Marienberg* an den Berghang oberhalb von Burgeis: Über viele Jahrhunderte spielte es eine wichtige Rolle in der kulturellen und wirtschaftlichen Entwicklung des Vinschgaus. Heute gibt es an diesem mystischen Ort kunsthistorische Schätze und im Dorf Burgeis die ② *St.-Nikolaus-Kirche* zu entdecken.

1 Kloster Marienberg

Wer auf der Vinschger Straße von Schluderns gen Westen unterwegs ist, sieht das Kloster Marienberg schon von Weitem am rechten Talhang leuchten: Mit weiß getünchten Mauern zeigt es sich als imposante Instanz des christlichen Glaubens.

Das Kloster Marienberg ist mit seiner aussichtsreichen Position auf 1336 Meter Meereshöhe die höchstgelegene Benediktinerabtei Europas.

Um diesen besonderen Standort zu finden, brauchte es allerdings mehrere Anläufe: Da Eberhard von Tarasp keine Nachkommen hatte, gründete er 1096 im Unterengadin ein Kloster in Schuls (Scuol), unweit von seiner Burg. Dass Adelige ein Kloster stifteten, war zu dieser Zeit durchaus üblich, um sich neben weltlichen Verbündeten auch den nötigen Beistand von oben zu sichern. Eberhards Bruder Ulrich, Bischof von Chur, unterstützte Eberhard in seinem Vorhaben. Bereits 30 Jahre nach der Gründung brannte das Kloster nieder, und obwohl es rasch wieder aufgebaut wurde, steckten die Mönche in einer schier ausweglosen Situation: Die Landwirtschaftsflächen des Klosters warfen aufgrund des rauen Klimas nicht viel ab, die Nachbarsbauern waren dem Kloster nicht wohlgesinnt.

Also pilgerte Eberhards Erbe, sein Großneffe Ulrich III. von Tarasp, zum Papst und bat ihn, das Kloster in den benachbarten Vinschgau verlegen zu dürfen. 1146 zogen die Mönche in ein neues Gebäude in der Nähe des Kirchleins St. Stephan bei Burgeis, das aus spätrömischer Zeit, vermutlich dem 5. oder 6. Jahrhundert, stammt. Doch auch dieser Standort war ungünstig, denn es gab keine Wasserquelle. Wieder reiste Ulrich III. nach Rom, erneut musste die Klostergemeinschaft umziehen, wenn auch nicht weit: Etwa hundert Meter nordwestlich stand schon eine kleine Marienkapelle, und es gab sogar zwei Quellen. Ab 1148 wurde dort das heutige Kloster gebaut und trägt seither den Namen »Marienberg«. Um das Kloster aufbauen zu können, eilten Mönche der Benediktinerabtei Ottobeuern in Oberschwaben zu Hilfe. Denn dorthin hatten die Tarasper Adeligen gute Beziehungen: Der erste Abt von Kloster Marienberg war Albert I. von Ursin, der Bruder von Uta von Ronsberg, der Ehefrau des Stifters Ulrich III. von Tarasp.

Nachdem der einzige Sohn des Stifterehepaars auch ins Kloster eingetreten war, benötigte das Kloster einen sogenannten »Schirmvogt«. Dieser hatte die Aufgabe, die Abtei gegen Bezahlung zu beschützen. Die beauftragten Matscher Vögte waren aber auf die Besitztümer des Klosters aus. Als der damalige Abt Hermann 1304 den Tiroler Landesfürsten Otto um Hilfe bat, entführte und ermordete der Vogt den Abt kurzerhand. Das ist nur eine Szene aus der bewegten Geschichte des Klosters, das später immer wieder zwischen die machtpolitischen Interessen der Herren von Tirol und Habsburg sowie des Bistums Chur geriet, geplündert und niedergebrannt wurde, als Militärquartier diente und mehrmals vor seiner Auflösung stand.

Im Museum geben Kunstwerke und archäologische Fundstücke, Bilder und Filme einen faszinierenden Einblick in die fast 1000-jährige Geschichte des Klosters und den klösterlichen Alltag.

Kloster Marienberg ist ein Ort der Ruhe und Kraft: Rund zehn Fratres und Patres leben heute hier, nach den Grundsätzen des heiligen Benedikt von Nursia. Der Benediktinerorden gilt als ältester Orden Westeuropas.

Kraft, Macht, Schutz: Die in Bronze gegossenen Löwenköpfe am Kirchenportal symbolisieren Stärke. Und wer sich an den Türziehern festhielt, dem wurde Kirchenasyl gewährt – allerdings nur bei kleinen Delikten. Auf dem Kloster gab es bis ins 17. Jahrhundert ein Hofgericht (niedere Gerichtsbarkeit).

Opulenter Barock: Unter Abt Jakob Grafinger (1640–1653) wurde die dreischiffige romanische Stiftskirche im frühbarocken Stil umgestaltet. Die Fenster wurden vergrößert, in den Seitenschiffen entstanden Altarkapellen, die romanischen Fresken wurden abgeschlagen, die Wände neu bemalt.

Mitte des 16. Jahrhunderts etwa lebte nur noch ein Mönch im Konvent, doch Rom und die Innsbrucker Regierung verhinderten die Auflösung, da das *Kloster an der Grenze zum großteils reformierten Graubünden nun eine strategische Bedeutung* hatte. Der damalige Abt Matthias Lang ersann eine geschickte Strategie, um der Reformationslehre Einhalt zu gebieten: Die Rätoromanen aus dem Engadin durften sich im Marienberger Gebiet nicht mehr ansiedeln, einheiraten oder als Dienstboten arbeiten. In öffentlichen Versammlungen und am Gericht durfte nur mehr Deutsch gesprochen werden, und es gab deutschen Schulunterricht. Das war auch für die Obervinschger eine große Veränderung; über Jahrhunderte hatten sie Rätoromanisch gesprochen. Mit diesen Maßnahmen wurde die *romanische Sprache im Vinschgau innerhalb kürzester Zeit verdrängt und Deutsch ab dem 17. Jahrhundert zur Alltagssprache.*

Noch immer ist das Kloster Marienberg ein Ort mit einer besonderen Atmosphäre, die von Spiritualität und Geschichte geprägt ist. Doch die alten Mauern treffen jetzt auf neue, moderne Architektur des Vinschgers Werner Tscholl: Im ehemaligen Wirtschaftstrakt sind heute das Klostermuseum und ein Gästehaus untergebracht, das einstige Sägewerk dient als aussichtsreiches Bistro, die innovativ gestaltete Bibliothek birgt wertvolle, jahrhundertealte Dokumente des Stiftsarchivs. Im Konvent folgen noch rund zehn Patres und Fratres dem benediktinischen Prinzip »Ora et labora«.

Vinschger Paarl

Der Vinschgau war früher die Kornkammer Tirols. Typisch für die Gegend ist noch heute das »Vinschger Paarlbrot«, ein Roggenbrot in Form einer Acht. Das erste »Paarl« soll im 13. Jahrhundert in der Klosterbäckerei Marienbergs für eine Hochzeit gebacken worden sein – als Symbol der Vereinigung der Eheleute.

Die fast vergessene Krypta

Unter dem Chorraum der Kirche befindet sich die Krypta, aus kunsthistorischer Sicht zweifelsohne das Highlight von Marienberg.

> Die Wandmalereien der Marienberger Krypta gelten heute aufgrund der Farbenpracht, der außergewöhnlichen Qualität und künstlerischen Feinheiten als einer der Höhepunkte der romanischen Malerei im gesamten Alpenraum.

Die Krypta ist das älteste Gebäude im Klosterkomplex, sie wurde ab 1148 gebaut und 1160 geweiht. Der lang gezogene Raum diente den Mönchen in der Anfangszeit als Ort für das Stundengebet und für Messfeiern. Die gemalten Bänder an den Gewölbegraten entstanden um 1160, die Hauptbilder vermutlich 15 bis 20 Jahre später. Besonders farbenprächtig ist der mittlere Bereich der Krypta.

Wenn Sie durch das Portal von der Nordseite her in die Krypta eintreten, fällt als Erstes der für romanische Krypten außergewöhnliche querrechteckige Grundriss auf. Die Erklärung: Krypta und Stiftskirche wurden gleichzeitig gebaut, durch die Hanglage des Klosters war es möglich, die Krypta unter dem Querschiff zu positionieren und baulich zu verbinden.

Die Fresken der Krypta von Marienberg sind für ihre symbolträchtige Farbenpracht berühmt. Das kräftige Lapislazuliblau steht (neben Gold) für das Göttliche, die Engel sind Boten Gottes und stehen zwischen Himmel und Erde.

»Ora et labora«, bete und arbeite: In moderner Aufmachung heißt die berühmte Benediktinerregel die Besucher im Innenhof der imposanten Klosteranlage willkommen.

ORA ET LABORA
MUSEUM

In der Kalotte der nach Osten ausgerichteten Hauptapsis ist die »Majestas Domini« (Weltenherrscher Christus mit den vier Evangelisten) dargestellt, darunter Paulus und Petrus sowie Serafim (Engel mit sechs Flügeln im Alten Testament). Im Mittelgewölbe sind zwölf Engel zu sehen, die symbolische Zahl der Vollendung. Sie fragen sich, warum manche der Engel auf einem Skateboard stehen? Diese Brettchen stehen für die Verbindung der Engel zur Erde und den Menschen. Die Westwand zeigt das himmlische Jerusalem.

Dass die Fresken in der Krypta heute noch so gut erhalten sind, hat auch damit zu tun, dass sie eine Zeit lang vergessen wurden. Denn nach der Fertigstellung der Klosterkirche (die übrigens auch prächtig ausgemalt war) im Jahr 1201 wurde die darunterliegende Krypta kaum mehr kirchlich genutzt. Unter Abt Jakob Grafinger wurde die romanische Stiftskirche barockisiert. Die Krypta wurde im Jahr 1643 zu einer Gruft für die Äbte und Patres umfunktioniert. Dafür wurde eine mehr als elf Meter lange Mauer in der Mitte der Krypta eingezogen. Wer genau hinschaut, kann am Gewölbejoch noch erahnen, wo einst die eingebaute Mauer entlangführte: einmal quer durch die Engelswelt. Der unverbaute Bereich wurde mit Kalk übertüncht, und die Fresken fielen für mehrere Jahrhunderte in einen Dornröschenschlaf.

Erst 1887 ließ Abt Leo Maria Treuinfels Teile der damals zugänglichen Hauptapsis freilegen – vermutlich nachdem er die Dokumente des *Marienberger Mönchs Goswin gelesen hatte, im 14. Jahrhundert der erste namhafte Geschichtsschreiber Tirols.* Eine erste Restaurierung dieser Wandmalereien erfolgte 1927. Die restlichen Fresken kamen erst 1980 wieder zum Vorschein, als Abt Stefan Pamer die Mönchsgrüfte entfernen ließ und die sterblichen Überreste der Bestatteten auf den Friedhof des nahe gelegenen St.-Stephan-Kirchleins verlegt wurden.

Die »Marienberger Schule«

Und wer hat's gemalt? Die romanischen Wandmalereien der Marienberger Krypta sind Kunstwerke von internationaler Bedeutung – aber der Urheber ist bis heute unbekannt. Kam er wie die ersten Mönche auch aus dem bayerischen Mutterkloster Ottobeuren? Dafür spricht einiges. Jedenfalls kannte der Maler die byzantinische Ikonografie. Manche Kunsthistoriker erkennen eine stilistische Nähe zu englischen Miniaturarbeiten oder der Kölner Buchmalerei. Oder war der Maler zuvor schon in Ravenna gewesen? Entlang der »Alpinen Straße der Romanik« wird schnell klar, dass die Werkstätten, die in Marienberg tätig waren, wegweisend für die romanische Wandmalerei in Südtirol waren. Die stilistischen Ähnlichkeiten, die vom kulturellen Zentrum Marienberg ausgingen und sich in vielen Kirchen und Kapellen niederschlugen, werden häufig als „Marienberger Schule" bezeichnet – und zwar sowohl die etwas »luftigeren« Malereien der Krypta als auch die spätere, stilistisch strengere und geradlinigere byzantinische Ausmalung der Stiftskirche (um 1200). Als typisch dafür gilt die kräftige Farbsymbolik, etwa das Lapislazuliblau, oder das Perlband um den Kopf, wie es heute im Klostermuseum am fragmentarisch erhaltenen Madonnenfresko zu sehen ist.

Was ist eigentlich »Kloster auf Zeit«?

Können Sie sich vorstellen, eine Zeit lang in das Klosterleben einzutauchen? Das ist im Benediktinerstift Marienberg auf verschiedene Arten möglich: Wer im Gästehaus übernachtet, kann sich den Messfeiern oder dem Stundengebet anschließen, Gastpater Philipp steht für Fragen und Gespräche bereit. Der Aufenthalt im Klostertrakt ist Männern vorbehalten. Seit 1984 betreut Gastpater Pius die »Kloster auf Zeit«-Gäste.

Früher bot das Kloster Marienberg den Pilgern Herberge. Was suchen die Menschen heute beim »Kloster auf Zeit«?
Pater Pius: Ich darf diese schöne Aufgabe ja schon eine Weile machen, und ich sehe, dass die Menschen immer mehr die Ruhe suchen. Sie sind unter Stress, spüren einen starken Alltagsdruck und suchen einen Gegenpol. Hier darf jeder sein, wie er ist. Auch im Gespräch: Das ist wesentlich, und dafür nehme ich mir viel Zeit. Aber bevor ein Gast herkommt, sage ich immer: Erwarten Sie sich nicht zu viel! Es »menschelt« auch hier! Dann sind die meisten schon ernüchtert ... (lacht). Das ist wichtig, denn manchmal haben die Leute ganz andere Vorstellungen vom Klosterleben.

Es heißt, man sollte wenigstens vier Tage bleiben. Ist das ein Mindestmaß zum Ruhefinden?
P. P.: Gut wären 14 Tage oder mehr, aber das geht beruflich oft nicht. Unsere Lebensweise ist ja um 180 Grad anders, da muss der Gast erst mal verdauen, was er erlebt. Deshalb sage ich zu den Gästen immer, dass sie auch uns fragen können, warum wir die Dinge in dieser oder jener Art machen. Auch wir lernen gerne dazu! Manchmal ist es aber auch so, dass jemand kommt, und sofort nach der Begrüßung sind wir schon mittendrin im Gespräch. Kein Blabla, da geht's gleich schon ums Wesentliche, da staune ich immer! Vor allem beim Frühstück, wenn wir nur zu zweit sind, sind die Gespräche tiefgründig. Und die Gäste brauchen auch Zeit für sich allein.

Wie läuft das »Kloster auf Zeit« ab?
P. P.: Wir legen Wert darauf, dass alle fünf Gebetszeiten täglich mitgemacht werden, denn das geordnete Gebet hilft uns, die täglichen Herausforderungen anzunehmen und sinnvoll zu bewältigen. Deshalb gibt es vor dem Aufenthalt immer ein Gespräch, und ich frage: Schaffen Sie das? Unser Klosterleben ist geprägt von Gebetszeiten, Messfeiern, den gemeinsamen Essenszeiten und der Arbeit. In einem Kloster gibt es immer viel zu tun, wir sind um jeden Handgriff froh. Bei den Gästen muss man von Fall zu Fall schauen: Manche arbeiten viel mit, manche mögen oder können das nicht. Und dann gehen die Leute manchmal wandern, um die Natur zu erleben und die Gegend kennenzulernen, etwa ins Schlinigtal oder wir spazieren gemeinsam zur nahe gelegenen Kirche St. Stephan.

Und für wen ist »Kloster auf Zeit« etwas?
P. P.: Das »Kloster auf Zeit« hat sich in den letzten 30 Jahren so entwickelt, dass wir als Konvent bewusst unsere Türen öffnen und Gäste aufnehmen. Es kommen Menschen mit

ganz unterschiedlichen Berufen, Ältere genauso wie Jüngere, auch Atheisten, Agnostiker, oder letztens kamen viele Evangelische. Das ist wunderbar, ich bedanke mich immer für neue Sichtweisen. Natürlich würden wir uns auch über neue Patres freuen, aber wir wollen niemanden bekehren oder zwingen, um Himmels willen (lacht)! Früher musste oft aus kinderreichen Familien ein Kind ins Kloster, aber Berufung gibt es heute auch. Ganz egal, welche: Ob Schuster oder Architekten, Gott hat für jeden von uns einen Plan. Davon bin ich fest überzeugt. Und wir sind keine Supermenschen. Jeder ist Suchender – ich ja auch! Darum geht es hier, den Leuten zu sagen: In dir steckt etwas, was zutiefst menschlich ist. Zu deiner Menschenwürde gehört es, dass du dich wirklich suchst – und bei dieser Suche möchte ich dir helfen. Das braucht natürlich Geduld und geht nicht von heute auf morgen.

Apropos Zeit: Spielt denn auch der straffe Rhythmus des Klosterlebens eine Rolle?
P. P.: Ja, tatsächlich sagen viele bei der Abreise: Das hat mir jetzt so gutgetan, dieser Rhythmus, den habe ich draußen nicht. Danach können sie entscheiden: Was ist eigentlich für mich besser? Wichtig sind auch die Gespräche und die Offenheit. Ich denke, beim »Kloster auf Zeit« wirken ganz verschiedene Sachen, es geschieht viel mehr, als man sieht. Und Marienberg hat etwas, was nicht mehr viele Klöster haben: diese Abgelegenheit und Ruhe.

»Unsere Türen sind offen!«, sagt Gastpater Pius. Er kümmert sich seit mehr als 30 Jahren um alle, die zum »Kloster auf Zeit« nach Marienberg kommen.

2 St.-Nikolaus-Kirche

Wie prägend der Stil der »Marienberger Schule« war, lässt sich schon in nächster Nähe bezeugen: Am nordöstlichen Ende des Dorfs Burgeis, gleich neben der Reschenstraße und mit wunderbarem Blick auf Kloster Marienberg liegt die St.-Nikolaus-Kirche. Sie wurde 1199 geweiht. Das bestätigt eine Inschrift im Bogenfeld der östlichen Altarwand, die lange für das wertvollste Fresko der Kirche gehalten wurde. Die Apsis war nämlich zugemauert, und die Wände im Inneren des Kirchenschiffs waren übertüncht worden.

Als nach dem Fund mehrerer Freskenfragmente schließlich zwischen 1971 und 1973 die Tünche abgenommen und die Mauer wieder abgelegt wurde, kamen in der halbrunden Apsis und an der südlichen Triumphbogenwand Wandmalereien aus dem 13. Jahrhundert zum Vorschein. Am Tonnengewölbe der Apsis ist Christus in der Mandorla dargestellt. Stilistisch entspricht das Christusbild den romanischen Vorbildern aus der Marienberger Stiftskirche, Von den vier Evangelistensymbolen sind nur noch zwei auf der Südseite erhalten, in Form des Matthäusengels und des Lukastiers.

Am Triumphbogen sind zwei Szenen zu sehen: Im oberen Bild ist das Opfer Kains und Abels dargestellt, wobei hier nur mehr ein kopfloser Kain sichtbar ist. Im Sockelbereich überrascht ein eigenwilliges Mischwesen, das nicht so recht in die bergige Gegend passt: Eine Sirene, die sehnsuchtsvoll in die Ferne blickt und eine Hand hebt. Mit ihrem nackten Oberkörper und dem Fischschwanz ist sie ein für den romanischen Bilderkanon typisches dämonisches Mischwesen, das Chaos und Unheil symbolisiert. Ähnliche Darstellungen findet man in den Kirchen *St. Jakob in Grissian* →S.140 und *St. Jakob in Kastelaz* →S.151.

Berühmt ist die St.-Nikolaus-Kirche heute vor allem wegen einer kuriosen Darstellung an der gotischen Balkendecke von 1533, die mit profilierten Holzleisten und bemalten Flachschnitzereien versehen ist und Ähnlichkeit mit der Holzdecke von *St. Veit* →S.51 hat.

Ein Narr mit Schellenkappe sitzt in einem Waschzuber und hält einen Krug in der Hand. Darüber steht in großen gotischen Minuskeln: »Item wen(n) Nar(r)en lang leben, so wer(d)en si(e) alt.«

Ob das als Hinweis auf die religiöse Stimmung nach dem Schwabenkrieg 1499 zu deuten ist?

Von den romanischen Fresken ist in der St.-Nikolaus-Kirche leider nur mehr wenig erhalten, doch es lässt sich deutlich erkennen, dass es sich bei den Wandbildern um eine Nachfolge der »Marienberger Schule« →S. 38 und der romanischen Fresken von St. Johann in Müstair →S. 71 handelt.

Voll bekleidet in der Badewanne sitzend, mit roter Nase und einem Weinkrug in der Hand genießt die Figur an der Flachdecke offensichtlich Narrenfreiheit. Was der Künstler damit wohl sagen wollte?

KULTURSTÄTTEN

(1) Benediktinerstift Marienberg

Übernachten: Das »Gästehaus Abt-Hermann« im ehemaligen Wirtschaftstrakt des Klosters bietet moderne Einzel- und Zweibettzimmer.

Essen: Die ehemalige Säge wurde kürzlich zum »Klostercafé« umgebaut: Es gibt kleine Tagesgerichte, hausgemachte Kuchen und Säfte sowie Wein vom Klosterweinberg – und einen tollen Blick über den Obervinschgau.

Schlinig 1, Mals
marienberg.it

(2) St.-Nikolaus-Kirche

Burgeis/Mals
ferienregion-obervinschgau.it

ERLEBEN

Der Turm im Reschensee

Für die Entstehung des Stausees mussten über 150 Familien der Dörfer Graun und Reschen ihre Häuser am Talboden verlassen. Das Bauprojekt wurde in der Zeit des Faschismus begonnen, im Jahr 1950 wurde der See schließlich gestaut – trotz heftiger Proteste. Der versunkene Grauner Kirchturm im Reschensee erinnert an dieses tragische Kapitel der Vinschger Geschichte und verleiht dem See eine mystische Atmosphäre. Er ist heute das wohl bekannteste Vinschger Wahrzeichen. Hier können Sie sich an Bord der »MS Hubertus Interregio« auf die höchste Binnenschifffahrt Europas begeben und die malerische Seelandschaft erleben, gemütlich um den See spazieren oder beim Kiten den famosen Vinschger Wind nutzen.

Reschen
reschenpass.it

ESSEN & TRINKEN

Der Mohrenwirt

Einst war hier ein Hospiz für Pilger, heute bietet das Restaurant & Hotel am Dorfplatz von Burgeis gemütliche Gaststuben in uriger oder moderner Version und Gourmetküche. Vieles von dem, was Familie Theiner serviert, ist vom eigenen landwirtschaftlichen Betrieb, so etwa das Rindfleisch. Plus: In einer unterirdischen Galerie sind Werke des Vinschger Künstlers Karl Plattner (1919–1986) ausgestellt.

Burgeis 81, Mals
der-mohrenwirt.com

EINKAUFEN

Vinschger Käse

Auf den zahlreichen Almen im Vinschgau wird schon seit Jahrhunderten würziger Bergkäse hergestellt. Die Käsesorten der **Hofkäserei Englhorn** heißen »Arunda«, »Tella« und »Rims« wie die Gipfel der nahen Sesvennagruppe. Der mehrfach prämierte Rohmilchkäse der Familie Agethle wird im Hofladen in Schleis verkauft.

Schleis 8, Mals
englhorn.com

Bäckerei Schuster

Das Vinschger »Ur-Paarl« wird traditionell mit Roggenmehl gemacht und erhielt als erste kulinarische Besonderheit Südtirols das Schutzsiegel »Presidio Slow Food« – das ist vor allem den Bemühungen des Bäckers Peter Schuster aus Laatsch zu verdanken. Nur wenige Kilometer vom Kloster Marienberg entfernt backen er und sein Sohn Pius diese älteste Version des »Paarl«-Brots mit lokalem Korn. Tipp: Probieren Sie auch das leckere Palabirnenbrot (Palabirne →S. 47)!

Laatsch 139, Laatsch/Mals
schuster.it

Feiern mit den Vinschgern

Romanische Kleinode haben sich im Obervinschgau ebenso erhalten wie archaische Rituale und eigenwillige Traditionen. Entdecken Sie diese Kulturstätten: ③ *Fröhlichsturm* und ④ *St.-Benedikt-Kirche* in Mals, ⑤ *St.-Veit-Kirche* am Tartscher Bühel, ⑥ *Stadt Glurns* und ⑦ *St.-Johann-Kirche* in Prad.

Am Unsinnigen Donnerstag ziehen beim »Zusslrennen« bunte Gestalten durch das Dorf Prad. Der Umzug folgt einer genauen Choreografie, mit der der Frühling und das Korn geweckt werden sollen.

Das »Klosn« in Stilfs sorgt für Nervenkitzel: Die »Esel« machen ordentlich Lärm, die handgeschnitzten Holzmasken der teuflischen »Klaubauf« (im Bild) sind zum Fürchten. Gut möglich, dass der ein oder andere Zuseher von so einem »Klaubauf« aufgehoben und herumgewirbelt wird – das ist fester Bestandteil des Brauchs.

Klosn in Stilfs

Das »Klosn« ist wohl der älteste und lauteste Brauch, den es in Südtirol gibt. Am ersten Samstag im Dezember geht es im sonst ruhigen Stilfs im Ortlergebiet ohrenbetäubend wild zu: Beim uralten *Lärmritual »Klosn«* stürmen pünktlich um 14 Uhr furchteinflößende Gestalten vom Berghang ins Dorf herunter und ziehen durch die engen Gassen des Dorfs. Die »Esel« haben große Kuhglocken um die Hüften geschnürt und ein Gewand aus knallbunten Stofffetzen, sie springen und schellen, ahmen Eselsgeschrei nach, wälzen sich zwischendurch am Boden und kneifen auch mal die Zuseher. Ihr dämonischer Gegenpol sind die »Klaubauf«: Sie tragen Tierfelle mit langen Stofflumpen und kunstvoll geschnitzte Holzmasken, mit rasselnden Ketten wirbeln sie Schaulustige durch die Luft. Mitten durch das Getose schreitet der heilige Nikolaus mit seinem Gefolge behäbig in Richtung Kirche. Um Punkt 17 Uhr wird es plötzlich mucksmäuschenstill: Die »Kloser«, durchwegs junge Burschen und Männer aus Stilfs, nehmen ihre Masken ab und knien sich zum Angelusgebet vor der Kirchenpforte nieder. Zum Abschluss schellen alle »Kloser« gemeinsam. Das archaische Lärmritual stammt aus vorchristlicher Zeit, die genauen Wurzeln sind unklar. Im Zuge der Christianisierung wurde der Nikolaus in den Brauch integriert und ist heute fester Bestandteil des Umzugs.

Zusslrennen in Prad

Am Unsinnigen »Pfinzta« (Donnerstag) findet in Prad am Stilfser Joch ein einzigartiger Fasnachtsumzug statt: Das »Zusslrennen« ist ein Fruchtbarkeitskult, der den Winter vertreiben und das Korn aufwecken soll. Auch hier ziehen junge, verkleidete Burschen schellend durch das Dorf. Die Kleider der »Zussln« sind weiß, verziert mit bunten Krepppapierblumen und Maschen. Wie in einem Gespann werden sie von sechs weißen Pferdedarstellern begleitet, der Fuhrmann treibt sie mit einer laut schnalzenden »Goaßl« (Peitsche) an. Dem Gespann folgen unter anderen der Sämann, Bauern und das arme Lumpenpärchen, der »Zoch« und die »Pfott«. Am darauffolgenden Sonntag und Dienstag folgt im Ort dann der »Maschgertanz«: ein Tanzreigen, der durch die Gasthäuser des Dorfes zieht, angeführt von einem »Bajaz« mit einem Spitzhut und Dirigierstab. Ihm folgen acht verschiedene Paare, darunter auch wieder der »Zoch« und die »Pfott«, die wiederum die Fruchtbarkeit symbolisieren sollen.

Buckelige Palabirne

Im Obervinschgau wächst eine Rarität: die »Palabiir«. Diese uralte Birnensorte wurde 1755 erstmals in Dokumenten der Churburg erwähnt, gedeiht hier aber vermutlich schon seit 400 Jahren. Im Vinschgau ist die süße Palabirne auch als »Apothekerbirne« bekannt, da sie eine heilende Wirkung auf den Blutdruck und den Verdauungstrakt haben soll.

3 Fröhlichsturm

Gleich neben Glurns, dem kleinsten Städtchen Südtirols, liegt Mals, das das Marktrecht deutlich später als Glurns, nämlich erst 1642 von der Tiroler Landesfürstin Claudia de' Medici erhielt: Davon zeugt heute noch der »Gollimarkt«, der alljährlich am 16. Oktober stattfindet. Bekannt ist die uralte, indogermanische Siedlung Mals aber für ihre vielen Türme, was ihr einst den Namen »Siebentürmige« oder »Siebenkerchen« einbrachte. Heute sind davon nur noch fünf Türme erhalten. Einer davon ist der Fröhlichsturm gleich neben der Pfarrkirche im Ortszentrum. Der *Wehrturm aus dem 12. Jahrhundert gehörte zur Fröhlichsburg der Herren von Matsch.* Viel ist über die einstige Burganlage nicht bekannt, außer dass sie bereits Anfang des 14. Jahrhunderts Gerichtssitz der Churer Bischöfe war, dann den Herren von Fröhlich zufiel und später in landesfürstlichen Besitz kam. Außerdem soll die Burg besonders luxuriös ausgestattet gewesen sein – jedenfalls schreibt Bianca Maria Sforza, zweite Gemahlin des deutschen Königs und späteren Kaisers Maximilian I., in ihrem Tagebuch über prächtige Tiroler Stuben, als sie Ende des 15. Jahrhunderts von Mailand nach Innsbruck reist.

Während der Calvenschlacht – die früher auch als »Schlacht auf der Malser Haide« bezeichnet wurde – im Mai 1499 fiel Mals den Plünderungen und Brandschatzungen durch die Engadiner zum Opfer. Auch die Burg brannte nieder. Laut Überlieferung wurden ihre Steine für die Wiedererrichtung der Pfarrkirche verwendet, nach einem erneuten Brand 1799. Heute ist von der Fröhlichsburg nur noch der runde, 33,5 Meter hohe Wehrturm erhalten, mit einem Durchmesser von sechs Metern und zwei Meter dicken Mauern ist es im Inneren im Sommer schön kühl. Erst mal müssen Sie 164 Holzstufen bis ins 6. Stockwerk steigen, doch das lohnt sich: Von der Aussichtsplattform haben Sie einen wunderbaren Rundblick, etwa nach *St. Veit am Tartscher Bühel* →S. 51, und *Glurns* →S. 55 sowie auf die umliegende Bergwelt.

4 St.-Benedikt-Kirche

Ein weiterer Turm steht am westlichen Ortsrand von Mals: *Die Kirche St. Benedikt ist eine der ältesten erhaltenen Kirchen Europas.* Sie wurde Mitte des 8. Jahrhunderts gebaut. Kunsthistoriker fanden Hinweise darauf, dass der Bauherr die Handwerker aus dem damals ebenso im Bau befindlichen, 15 Kilometer entfernten *Kloster St. Johann in Müstair* →S. 71 bezog. Erstmals genannt wird die Kirche 1170, als der Bischof von Chur die Kirche dem Benediktinerinnenkloster St. Johann in Müstair schenkte. Zur gleichen Zeit erfolgte auch der Anbau des romanischen, viergeschossigen Turms und die ungewöhnlich aufwendige Ummantelung. Ohne diese Schutzmaßnahme wäre die frühmittelalterliche Kirche heute wohl nicht mehr zu bestaunen, denn St. Benedikt wurde mehrmals von einer Mure in Mitleidenschaft gezogen.

Im Innenraum birgt die einfache rechteckige Saalkirche äußerst seltene karolingische Fresken,

Der Fröhlichsturm mitten in Mals ist das einzige Überbleibsel der ehemaligen Fröhlichsburg. Die Maueröffnungen auf halber Höhe des Turms verraten, dass dort ein Wehrgang verlief.

Die St.-Benedikt-Kirche war einst vermutlich vollständig ausgemalt. Besonders gut haben sich die Fresken im Altarraum erhalten. Der hufeisenförmige Bogenabschluss der Altarnischen könnte westgotisch beeinflusst sein. An der nördlichen Langhauswand ist das Martyrium des heiligen Paulus zu sehen, der Zyklus des heiligen Benedikt ging großteils verloren.

In der St.-Benedikt-Kirche entstanden immer wieder Feuchtigkeitsschäden. Das verwundert aber kaum: Der Legende zufolge wurde das Kirchlein nämlich auf einem rätischen Wasserheiligtum erbaut.

die laut Forschung ab 806 entstanden und damit zu den ältesten Wandmalereien Westeuropas zählen.

Den kunsthistorischen Wert im Kircheninneren erkannte man aber erst Anfang des 20. Jahrhunderts, denn die Malereien waren schon bald nicht mehr en vogue und wurden übertüncht. Nach der Profanierung 1786 diente die Kirche als Stall und Abstellraum. Erst nachdem ein paar neugierige junge Burschen 1912 Malereien an der Wand entdeckten, wurden die einzigartigen Fresken freigelegt. Die Kirche war ursprünglich wahrscheinlich komplett ausgemalt. Der Großteil der erhaltenen Fresken befindet sich im Altarraum an der Ostwand mit den drei hohen, schmalen Nischen, in denen jeweils ein kleines Rundbogenfenster liegt. An der Ostwand sind außerdem zwei Stifterfiguren abgebildet: Rechts von der Mittelnische ist der Bischof von Chur dargestellt, als geistlicher Stifter hält er das Kirchenmodell in der Hand. Links ist der weltliche Stifter zu sehen, ein adliger, karolingischer Grundherr, der mit einem Friedensschwert als Zeichen der Macht abgebildet ist.

Das Bild des karolingischen Würdenträgers gilt als einzige bekannte Darstellung eines fränkischen Grundherrn. Ausgehend von dieser Wandmalerei machen Forscher Rückschlüsse auf die damalige Kleidung.

Manche Kunsthistoriker gehen davon aus, dass es genauso gut eine churrätische Tracht sein könnte. Denn auch von den Churrätern ist wenig bekannt, und bestimmte Elemente des Stiftergewands ähneln römischer Kleidung – und die Römer beherrschten Churrätien immerhin über 300 Jahre lang.

Die kleinen Löcher rund um die Nischen weisen auf eine einstige Stuckverzierung hin. Fragmente dieser Stucksäulen sind in der Kirche ausgestellt. Sie sind erstaunlich gut erhalten, da sie (wahrscheinlich nachdem sie abfielen) für lange Zeit in die Nischen eingemauert waren. Auch Reste einer Chorschranke stehen in der Kirche, sie sind aus feinkristallinem Laaser Marmor →S. 82 und mit einem typischen Langobardenmuster versehen.

St.-Veit-Kirche

Inmitten der flachen Obstwiesen am Talboden der Malser Haide erhebt sich ein kahler Hügel, der nicht so recht in die Landschaft passt: *Der Tartscher Bühel oder »Tartschr Bichl«, wie ihn die Einheimischen nennen, ist ein Vinschger Wahrzeichen und einer der mythischsten Orte des Tals.* Der unfruchtbare Buckel aus Glimmerschiefer wurde in der letzten Eiszeit von den Gletschern in Form geschliffen. Das Kirchlein St. Veit auf der Hügelkuppe ist schon von Weitem zu sehen. Es wurde im 11. Jahrhundert auf den Überresten einer vorchristlichen Kultstätte errichtet und zählt zu den ältesten erhaltenen Bauten im Vinschgau. Das Langhaus mit Apsis und der seltene, ungegliederte Glockenturm werden von einer massiven Asylmauer umgeben.

Der Tartscher Bühel gilt bei den Einheimischen als »Kraftplatz«, die St.-Veit-Kirche auf seiner Kuppe ist längst ein Wahrzeichen des Tals. Diesen perfekten Aussichtspunkt wollte übrigens auch Mussolini nutzen: Er baute hier zwischen 1939 und 1942 einen Bunker, als Teil des »Alpenwalls«.

Der barocke Altaraufbau mit einer Darstellung des heiligen Mauritius, der sich seit den Restaurierungsarbeiten in den Jahren 1999 bis 2001 im Langhaus der Kirche befindet, stand früher auf der Mensa der Apsis und verdeckte die romanischen Malereien.

Das Highlight ist in der Apsis zu finden: Im Jahr 2000 wurden dort kunsthistorisch besonders *wertvolle Fresken aus der Zeit um 1200* freigelegt. Die fragmentarisch erhaltenen Malereien zeigen in der Wölbung Christus in der Mandorla mit den Evangelistensymbolen, ein Mäanderfries mit Perlstabband, zwei kämpfende Seeungeheuer, eine Apostelreihe und Heilige sowie einen bärtigen Hornbläser, der eine Schlacht ankündigt. Die herausragende Qualität der Arbeiten verweist auf den Meister von *Kloster Marienberg* →S.38.

Im Langhaus erzählt ein Freskenzyklus aus dem Jahr 1593 über das Martyrium des heiligen Vitus. Schauen Sie auch nach oben: Die *teilweise noch originale spätgotische Holzdecke* wird von siebenblättrigen Blüten verziert. Vielleicht entdecken Sie sogar kleine Brandspuren. Ein Teil der Decke musste nämlich ersetzt werden, nachdem die Bündner während der Calvenschlacht 1499 bis weit in den Vinschgau hinunter die Dörfer plünderten und niederbrannten und alle Männer unter zwölf Jahren töteten. Ein dramatisches Erlebnis für die Vinschger: Warum steht dann in der St.-Veit-Kirche ausgerechnet ein Bündner Flügelaltar? Der spätgotische Flügelaltar aus dem Jahre 1514 vom schwäbischen Künstler Ivo Stigel aus Memmingen kam um ca. 1580 aus dem Engadin in den Oberen Vinschgau in die St.-Veit-Kirche nach Tartsch. Dieser Flügelaltar steht heute gesichert aufbewahrt in der Michaelskapelle (im Volksmund Gruft genannt) neben der Pfarrkirche in Tartsch. Der Flügelaltar stand in der St.-Veit-Kirche nach der Rückkehr vom Bozner Stadtmuseum im Jahre 1955 bis 1958 erneut in der St.-Veit-Kirche am linken Seitenaltar. Nach dem Kircheneinbruch im Jahre 1958 (aus dem Altarschrein wurden die 3 Figuren, Maria mit dem Kind, Luzius und Florinus entwendet) wurde er aus der St.-Veit-Kirche entfernt und in die Michaelskapelle übertragen. Seitdem steht er in der Michaelskapelle. Mit dem Rückkauf der im Jahre 2010 wieder aufgetauchten Statuten und deren Restaurierung ist er seit 2012 wieder vollständig.

Tartscher Bühel: Kultplatz mit Aussicht

Mit 1077 Meter Meereshöhe ist der Tartscher Bühel ein guter Aussichtsplatz mit einem wunderbaren Rundblick. Talabwärts liegt *Glurns* →S.55, talaufwärts Mals. Bei einem Blick in bergige Höhen sehen Sie etwa im Norden die Spitzige Lun, im Südwesten das Ortlergebirge. Während einem der famose Vinschger Wind um die Nase bläst, wird die typische Vegetation des Tals deutlich: Die Südhänge sind dicht mit Fichtenwald bewachsen, die sonnenverwöhnten Nordhänge hingegen haben Steppencharakter.

Der Tartscher Bühel ist sagenumwoben – jedes Vinschger Kind kennt die »Legende der versunkenen Stadt«:

Einst soll es auf dem Tartscher Bühel eine glänzende Stadt gegeben haben. Die reichen Stadtbewohner lebten jedoch derart lasterhaft, dass Leidtragende die gottlose Stadt verwünschten und diese daraufhin im Erdboden versank…

Was die Archäologen zur jahrhundertelang mündlich überlieferten Geschichte sagen? Seit den Ausgrabungen im Jahr 2000 ist klar: Der Hügel war tatsächlich schon in der frühen Jungsteinzeit (4500–4000 v.Chr.) besiedelt. Auf dem Bühel lassen sich rätselhafte Schalensteine, Brandopferplätze und die Reste einer vorrömischen Wallburg entdecken. Außerdem wurden ein keltisches Schwert, römische Münzen und Eisenbeile ausgegraben, sogar ein 2500 Jahre altes Hirschhorn mit rätischer Inschrift. Die Funde bezeugen, dass es auf dem Bühel eine circa 1,3 Hektar große vorchristliche Siedlung gab. Ein rätisches Haus (4./3. Jh. v.Chr.) wurde in der »Stocker Gruben« freigelegt. Auf Luftaufnahmen sind sogar mehr als 80 Häuser erkennbar, für weitere Ausgrabungen fehlen allerdings die Mittel. Die Archäologen fanden Hinweise, dass die Siedler den Tartscher Bühel plötzlich verließen und sich unweit von Schluderns, am »Ganglegg«, niederließen. Warum? Das weiß niemand …

6 Stadt Glurns

Sie werden sich vielleicht ein bisschen wie ein Ritter oder Burgfräulein fühlen und sich die lebhaften Märkte und vorbeiziehenden Ochsenkarren vorstellen, wenn Sie eines der Stadttore durchschreiten und durch die verwinkelten Gassen von Glurns spazieren. Mit ihrer vollständig erhaltenen mittelalterlichen Ringmauer und gerade mal rund 900 Einwohnern ist Glurns heute die kleinste Stadt Südtirols und der Alpen – allerdings mit einer großen Geschichte. Schon zur Römerzeit führte die »Via Claudia Augusta« hier vorbei. *Die günstige Lage an wichtigen Handelsrouten machte den Ort vor allem im Mittelalter zu einem wichtigen Umschlagplatz von Waren aus dem Norden und dem Süden.* Das Beste dabei: Die Glurnser durften von beiden Seiten Wegzoll verlangen! Besonders reich wurde die Stadt zwischen dem 13. und 15. Jahrhundert, einerseits weil 1233 der Landesfürstliche Gerichtssitz hierher verlegt wurde, andererseits wegen der von Meinhard II. verliehenen Marktrechte. Der Handel mit Salz und anderen Gütern florierte in dieser Zeit. In der Laubengasse sind die ehemaligen schmalen Marktstände und Kaufmannshäuser noch gut erkennbar – aber geben Sie auf Ihren Kopf acht, die Laubengewölbe sind teilweise sehr niedrig!

Scheibenschlagen

»Oh Reim, Reim, für wem soll dia Scheib' sein?« (Oh Reim, Reim, wem ist diese Scheibe gewidmet?), rufen die Männer, während sie mithilfe einer langen Haselrute und einer ausgefeilten Schwungtechnik glühende Holzscheiben vom Tartscher Bühel ins Tal schleudern. Das Scheibenschlagen findet traditionell am ersten Fastensonntag, dem »Funkensonntag«, zwischen dem Reschenpass und Schlanders statt. Der archaische Feuerbrauch soll die Winterdämonen verjagen und ein fruchtbares Erntejahr heraufbeschwören, auch so mancher Liebesreim ist dabei. Je besser die Scheibe »geht«, also je weiter sie fliegt, umso mehr Glück bringt sie. Unter viel Geschrei wird schließlich die »Hex« angezündet; ein mit Stroh umwickeltes Holzkreuz, das Männlichkeit und Weiblichkeit symbolisiert.

Das uralte Ritual »Scheibenschlagen« ist am Tartscher Bühel besonders mystisch – hier gab es schon zu Urzeiten eine Kultstätte. Das Kreuz wird mit Stroh umwickelt und unter viel Lärm angezündet – das soll Kälte und Winter vertreiben.

Mit ihren verwinkelten Gassen und der fast vollständig erhaltenen mittelalterlichen Ringmauer scheint die Stadt Glurns wie aus der Zeit gefallen. Mittendrin überraschen zeitgenössische Bauten und Lokale.

Ein herber Schlag für die Stadt waren die Plünderung und Brandschatzung während der Calvenschlacht 1499. Dabei waren die Glurnser, die auf der Seite Habsburgs standen, so siegessicher gewesen, dass sie schon eine Festtafel vorbereitet hatten und ganz unbekümmert die Stadttore offen ließen. Danach erholte sich die Stadt nur langsam.

Die Leute waren anscheinend so verzweifelt hinsichtlich der Zehentabgabe, dass es im Jahr 1519 zum »Glurnser Mäuseprozess« kam: Ein Stilfser verklagte vor dem Glurnser Gericht die Feldmäuse, die in seinem Feld große Schäden angerichtet hatten.

Den Nagern wurde ein Verteidiger zugewiesen, der den Nutzen der Feldmäuse betonte, ebenso wurden Zeugen verhört. Angesichts der schwierigen Beweislage wurden die Mäuse lediglich zur Auswanderung verurteilt. Und zwar mit einer großzügigen Frist, damit auch schwächere und schwangere Mäuse mitgehen könnten, besagt das recht kryptische Gerichtsprotokoll. Ob die Mäuse die Stadt verließen, ist nicht bekannt.

Die neue, erweiterte Stadtmauer wurde erst 1580 fertiggestellt. Auch durch den Ausbau der Brennerroute verlor der Weg durch den Vinschgau an Bedeutung, sodass viele einst wohlhabende Glurnser Bürger sich wieder der Landwirtschaft widmeten. Tatsächlich gab es bis vor wenigen Jahrzehnten in einigen Stadtgassen noch so manchen Misthaufen und Kuhstall zu entdecken. In den letzten 30 Jahren wurden viele baufällige Häuser und verlassene Gassen revitalisiert, die Stadt präsentiert sich heute als kunsthistorisches Kleinod und spannende Mischung zwischen Geschichte und moderner Architektur. Ein Beispiel dafür ist der Flurinturm: Im 13. Jahrhundert erbaut, war hier lange der Gerichtssitz und ein Gefängnis, im 20. Jahrhundert dann eine Tischlerei, seit Kurzem führt ein junger Glurnser im gelungen restaurierten Turmgebäude das hippe Restaurant »Flurin«. Im Schludernser Torturm wird die Geschichte der Stadt eindrucksvoll erklärt, und ein Teil des Wehrgangs ist zugänglich. Im Tauferer Torturm bzw. Kirchtorturm, der Richtung Münstertal führt, finden Sie dagegen die sehenswerte Ausstellung über den Künstler und Karikaturisten Paul Flora, der aus Glurns stammte. Und wie früher gibt es in der Stadt bestimmte Markttage, etwa den traditionellen *Sealamorkt* (Allerseelenmarkt am 2. November), bei dem ein paar Schafe und Ziegen an einstige Zahlungsmittel erinnern.

 St.-Johann-Kirche

Passend zum Ortsnamen, der sich vom lateinischen »prata«, also Wiese, ableitet, steht das älteste Gotteshaus von Prad einsam auf einer erhöhten Wiese im Südosten des Orts. Die Einheimischen nennen das Kirchlein »St. Johann im Winkl«, vermutlich weil es hier am Fußort zum Stilfser Joch und dem nahe gelegenen Umbrailpass wie eine letzte Passsicherung fungieren sollte, bevor es bergaufwärts über den wichtigen Verbindungsweg nach Italien ging. Die Kirche St. Johann wurde Ende des 13. Jahrhunderts von den Grafen von Tschenglsberg als Eigenkirche im romanischen Stil erbaut, möglicherweise auf einem Vorgängerbau aus dem 12. Jahrhundert, dem auch der ungegliederte Turm mit gemauertem Viereckhelm angestellt war. Die Kirche wurde 1281 eingeweiht, zu Ehren der Schutzpatrone Johannes dem Evangelisten und Johannes dem Täufer.

Leider hatten die Tschenglsberger nicht lange etwas von ihrer Eigenkirche, das Geschlecht starb schon 1421 aus, daran erinnert eine der schönsten Grabplatten Tirols im Westen der Kirche. Die romanische Saalkirche hat ein flach gedecktes Schiff und eine angrenzende Rundapsis. Diese wurde mit gotischen Fenstern durchbrochen und um 1420 von der sogenannten »Vinschgauer Malschule« komplett mit gotischen Wandbildern ausgestattet. Von den romanischen Fresken ist nicht mehr viel zu sehen. Fragmente können Sie noch an der nördlichen Langhauswand sowie am Triumphbogen entdecken. Interessant ist das zugemauerte Rundbogenportal im Norden: Hier waren einst die Urkunden und Privilegien der Grafen versteckt. Ziemlich raffiniert – denn auf die Plünderung von Kirchen stand Höchststrafe. Somit waren die Dokumente hier weitaus besser verwahrt als auf der Burg.

Die Holzdecke ist mittlerweile barock, ebenso wie die Kirchenstühle. Die jüngsten Bilder stammen vom Malser Künstler Karl Plattner aus dem Jahr 1948. Die Empore stammt aus der Zeit um 1600, sie ist von der überdachten Vorhalle im Westen über eine noch romanische Treppe zu erreichen. Auch das Steinpflaster der Vorhalle ist noch original romanisch. Unter der Treppe fällt eine halbrunde Einbuchtung auf: Wahrscheinlich war hier die ursprüngliche Gruft (7.–9. Jh.) der Herren von Tschenglsberg, die Bemalung mit einem Sternenhimmel weist darauf hin.

Falls die Kirche verschlossen ist, gibt es auf der rechten Seite der Kirchentür ein kleines Fenster. Durch dieses »Guckloch« erhalten Sie einen guten Eindruck vom Inneren der Kirche. Spazieren Sie aber auch außen rum:

Im aufgelassenen Friedhof gibt es nur noch ein einsames Grab an der Umfriedungsmauer – jenes des deutschen Botanikers Hermann Müller-Lippstadt, der als Mitbegründer der Koevolutionstheorie gilt und eng mit Charles Darwin zusammenarbeitete. Er starb während einer Forschungsreise im Ortlergebiet 1883 und wurde hier begraben.

An der Außenfassade ist ein Christophorusbild angebracht. Setzen Sie sich auf eine der Holzbänke davor: Der Ausblick reicht über Prad nach Mals, links oben können Sie das *Kloster Marienberg* → S. 30 erspähen.

Die Kirche St. Johann in Prad am Eingang ins Hochgebirge der Ortlergruppe diente ursprünglich als eine Art Passsicherung auf dem Weg über den Umbrailpass. Heute ist sie eine beliebte Panoramarast für Wanderer.

KULTURSTÄTTEN

③ Fröhlichsturm

Fröhlichgasse, Mals

④ St.-Benedikt-Kirche

St.-Benedikt-Straße, Mals

⑤ St.-Veit-Kirche

Tartscher Bühel, Tartsch/Mals

ferienregion-obervinschgau.it

⑥ Stadt Glurns

Glurns
glurns.eu

⑦ St.-Johann-Kirche in Prad

Kreuzweg 4 C, Prad am Stilfserjoch
prad.it

ERLEBEN

Nationalpark Stilfserjoch

Der Nationalpark Stilfserjoch rund um die Ortler-Cevedale-Gruppe ist mit 130 km² Fläche eines der größten Naturschutzgebiete Europas und erstreckt sich über Südtirol, das Trentino und die Lombardei. Durch die Höhenlage zwischen 700 m (bei Latsch) und 3905 m ü.M. mit der höchsten Erhebung, dem Ortler, gibt es eine sehr abwechslungsreiche Pflanzen- und Tierwelt. Über 250 km Wanderwege und markierte Radwege führen durch den Nationalpark, in den Besucherzentren und bei geführten Wanderungen mit einem der Förster gibt es allerhand zu erfahren. Die **Stilfser-Joch-Straße** ist die höchste befahrbare Straße Italiens und gilt als »Königin der Alpenstraßen«. Besonders beliebt ist die Panoramaroute bei Rennradfahrern, die hier 48 Kehren und 1869 Höhenmeter überwinden.

nationalpark-stelvio.it

Churburg

Die Churburg oberhalb von Schluderns ist die am besten erhaltene Burg in Südtirol. Sie entstand zwischen dem 12. und 16. Jahrhundert und ist seit über 500 Jahren Stammsitz der Grafen Trapp. Mit mehr als 50 maßgefertigten Rüstungen beherbergt die Churburg die weltweit größte private Rüstkammer. Mittelalterfans sollten die »Südtiroler Ritterspiele« nicht verpassen, die jeweils im August am Fuße der Burg stattfinden.

Churburg 1, Schluderns
churburg.com

Vinschger Palabira-Tage

In Glurns wird jedes Jahr im September die einzigartige Palabirne gefeiert. Zehn Tage lang gibt es einen kleinen Markt, Konzerte, Kochabende, Kulturwanderungen und Vorträge rund um die uralte Vinschger Birnensorte (siehe dazu S. 47).

Glurns
glurns.eu

Tälerhof

Walter Tschenett vom Tälerhof setzt sich schon seit Jahren für die uralten Palabirnenbäume ein. Sein Sohn Lukas stellt »Epfl-Sidro« (Apfelwein) und den Apfelsherry »Pomus« her. Gemeinsam widmen sie sich dem Erhalt alter Obstsorten. Bei einer Führung können Sie in die Sortenwelt kennenlernen und hofeigene Produkte wie das Palabirnenmus verkosten.

Wiesenweg 4, Schluderns
taelerhof.com

ESSEN & TRINKEN

Caffeebar & Kaffeerösterei »Kuntrawant«

Seit 2013 rösten die Gebrüder Gander den Kaffee für ihr Kaffeehaus mitten in Prad selbst: »Verboten schwarz, belebend anders« heißt es auf den Verpackungen der mehrmals prämierten, biozertifizierten Kaffeerösterei »Kuntrawant«. Der Name leitet sich vom italienischen »contrabbando« ab, so wurde einst das Schmuggeln im Vinschgau genannt (siehe dazu S. 66).

Mühlbachgasse 25, Prad am Stilfserjoch
kuntrawant.com

Restaurant, Bar & Suites »Flurin«

Der Flurinturm war im Mittelalter der Gerichtssitz von Glurns, heute werden in den stilvoll restaurierten Gemäuern gepflegte Cocktails und Gourmetmenüs nach dem Prinzip »Regional und saisonal« serviert. In den oberen Stockwerken gibt es sechs Suiten mit Designermöbeln und historischem Flair.

Laubengasse 2, Glurns
flurin.it

Whiskydestillerie »PUNI«

Im imposanten Kubus vor den mittelalterlichen Stadtmauern von Glurns liegt Italiens erste Whiskydestillerie. 2010 beschloss Familie Ebensberger, einst im Bauwesen tätig, in den Südtiroler »Highlands« das edle Getränk nach schottischer Tradition, aber mit lokaler Note herzustellen. Der Erfolg gibt ihnen recht: Seit 2015 die ersten Flaschen reifer Whisky verkauft wurden, erhält die Destillerie immer wieder internationale Auszeichnungen. Spannend ist die Führung durch die Destillerie samt Verkostung.

Am Mühlbach 2, Glurns
puni.com

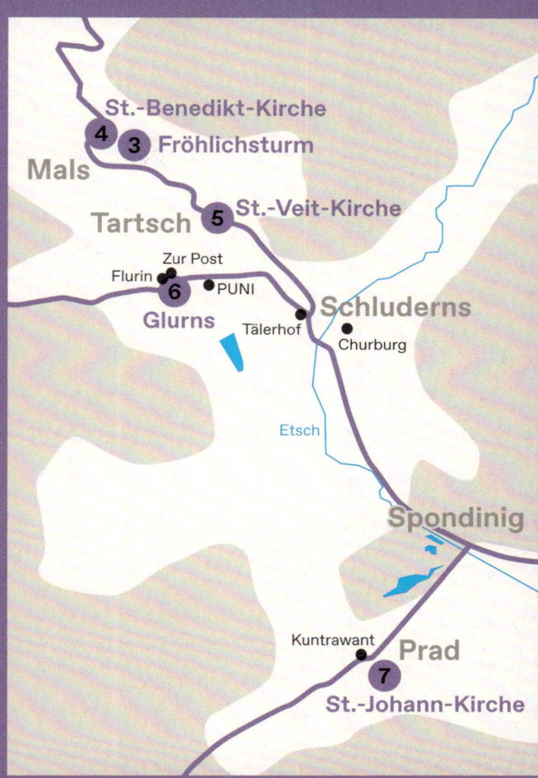

Gasthof Zur Post

In perfekter Lage innerhalb der Stadtmauern von Glurns werden in der »Post« bereits seit über 500 Jahren Gäste bewirtet – der Gasthof ist eine der ältesten Gaststätten der Region. Die Gewölbe, die gotische Halle und die holzgetäfelten Stuben schaffen ein gemütliches Ambiente im renovierten 3-Sterne-Hotel. Im Restaurant serviert Familie Karner bodenständige Südtiroler Kost, besonders zu empfehlen ist das »Herrengröstl«.

Florastraße 15, Glurns
hotelpostglorenza.com

Mehr zum Ortlergebiet unter:
ortler.it

Den Schmugglern auf der Spur

Im »Dreiländereck« geht es ins österreichische Inntal und in die Schweiz. Während im Mittelalter Pilger an der ⑧ *St.-Johann-Kirche* im Münstertal und am ⑨ *Kloster St. Johann* in Müstair vorbeizogen, wurde im 20. Jahrhundert so mancher Einheimische zum illegalen Grenzgänger.

Tonnenweise wurden Zucker, Saccharin, Kaffee, Salz und Tabak, aber auch technische Geräte im vergangenen Jahrhundert von Österreich und der Schweiz über die Berge nach Südtirol geschmuggelt – auf dem Rücken der Obervinschger, die mit dem gefährlichen Nebenerwerb das Überleben ihrer Familie sicherten. Besonders in der Nachkriegszeit war der Vinschgau nämlich so arm, dass das Schmuggeln eine willkommene Verdienstmöglichkeit war.

Das Schmuggelgeschäft im Vinschgau hatte seine Höhepunkte in der 1930ern und 1950ern, da entsprach der Ertrag einer solchen illegalen Tour oft einem oder gar zwei Monatslöhnen. Der Import aus der Schweiz lohnte sich aber durchaus noch bis 1972, als schließlich der Wechselkurs Lira zu Franken keinen Gewinn mehr brachte und es auch den Vinschger Bewohnern endlich wirtschaftlich besser ging.

Nicht jeder eignete sich für den Knochenjob: Ein Träger musste kräftig und geländegängig sein sowie die Passübergänge und möglichen Routen im Grenzgebiet wie seine Westentasche kennen. Denn um die Ware an den Kontrollposten der italienischen Zollbeamten – den »Finanzern«, wie sie in Südtirol genannt werden – vorbeizuschleusen, waren die Grenzgänger hauptsächlich nachts unterwegs, auf teils extremen Bergpfaden und zu jeder Jahreszeit. Erwischen lassen durfte man sich freilich nicht: Nahten die Finanzbeamten, warfen die Schmuggler die bis zu 40 Kilo schweren Jutesäcke, die sogenannten »Pinggl«, einfach von der »Krax« (hölzernes Tragegestell) ab und flüchteten. Manchmal kam es vor, dass dann nur von einem Bruchteil der Schmuggelware berichtet wurde – ob die Beamten mit dem Rest ihr Gehalt aufbesserten? In einigen Fällen drückten sie wohl einfach auch beide Augen zu. Es spielte den Einheimischen zudem in die Karten, dass sich die italienischen Zollbeamten im Gebirge nicht so gut auskannten und im Grunde vor den waghalsigen Wilderern und Schmugglern, die nachts dort umherzogen, fürchteten. Die »Finanzer« kontrollierten hauptsächlich tagsüber oder untersuchten im Verdachtsfall Haus und Stall des Beschuldigten.

Im Vinschgau war es ein offenes Geheimnis, dass es Schmuggler gab: Jeder hatte einen Bruder oder Nachbarn, der schmuggelte.

Untertags arbeiteten die Männer auf ihren Höfen, ein- oder zweimal pro Woche machten sie eine Tour über die Grenze. Die Frauen unterstützten vor Ort durch Warnzeichen und das Weitergeben heikler Informationen an die richtigen Leute. Die Vinschger Träger waren nur ein kleines, dennoch wichtiges Rädchen im Getriebe des norditalienischen Schmuggelgeschäfts. Bezahlt wurde der Trägerdienst in bar bei der Übergabe der Pakete an die Mittelsmänner, die die Schmugglerware einsammelten – ganze Lastwagen fuhren vom Vinschgau gen Süden.

Was heißt hier legal?

Tatsächlich wurde im Vinschgau auch schon früher geschmuggelt: Bereits im Mittelalter blühte der Schmuggel mit billigerem Salz und Wein aus der Lombardei, im 16. Jahrhundert war in Glurns viel Munition gelagert, die zu den ehemaligen Feinden ins Engadin geschmuggelt wurde, und als der Vinschgau italienisch wurde, war neben Saccharin, Kaffee und Tabak auch Vieh aus der Schweiz interessant.

Für den illegalen Warenverkehr zwischen der Schweiz und dem italienischen Vinschgau im 20. Jahrhundert wurden die unterschiedlichsten Routen genutzt, etwa von Santa Maria im Münstertal über die Rifairscharte am Piz Chavalatsch nach Lichtenberg bei Prad oder von Burgeis über das Schliniger Tal über den spektakulären, in die Felswand gesprengten Weg durch die Uinaschlucht ins Engadin. Wobei die Warenbeförderung erst ab der italienischen Grenze illegal war: In den Randgebieten der Schweiz, etwa im Münstertal, konnten die Vinschger die Ware ganz legal mit italienischen Lira bei einem sogenannten »Export-II-Unternehmer« ankaufen, welcher die Warenausfuhr bei den Schweizer Zollbeamten deklarierte.

Der schmale Weg an der Felswand der Uinaschlucht war einst eine der beliebtesten Schmuggelrouten zwischen dem Obervinschgau und dem Engadin – auch wenn die Route nachts sehr gefährlich war.

8 St.-Johann-Kirche in Taufers

Schon auf der Südtiroler Seite des Münstertals gibt es ein romanisches Kleinod zu entdecken: Unauffällig zwischen Wohnhäusern und Scheunen liegt das ehemalige Johanniterhospiz mit Kirche direkt an der Straße am östlichen Ortseingang von Taufers. Die Einheimischen nennen diesen Ortsteil heute noch »Spitol« (lat. hospitale, Krankenhaus). Zwischen dem 11. und 13. Jahrhundert entstanden in den Alpen viele Hospize, meist in Entfernung einer Tagesetappe und von kirchlichen Organisationen geführt. Die Reisenden scheuten die Wege über die Alpenpässe, denn sie waren beschwerlich und machten ihnen Angst. Die Kirche St. Johann macht deutlich, wie ausgeprägt das Pilgertum dennoch war. *Das Münstertal stellte eine wichtige Route für Handelsleute und Pilger dar.* Von Taufers gelangten sie ins Unterengadin, über den Ofenpass nach Zernez und über den Umbrailpass nach Bormio und Mailand.

Am Berghang oberhalb der Kirche St. Johann sind heute noch die zwei Burgruinen Rotund und Reichenberg sichtbar. Die *Kirche wurde um 1220 auf den Mauern eines Vorgängerbaus* aufgebaut, nachdem der damalige Burgherr Schwicker II. diesen im Jahr 1218 dem Johanniterorden vermachte – übrigens während er auf einem Kreuzzug in Ägypten war.

Heute gilt St. Johann als eine der historisch interessantesten Kirchen Tirols, vor allem ist ihre Architektur für die romanische Zeit einzigartig im Alpenraum: Der Zentralbau in Form eines griechischen Kreuzes mit vier gleich langen Armen ist typisch byzantinisch. Das Gebäude wurde vermutlich von den Johannitern nach dem Vorbild des Vorderen Orients umgestaltet.

Wenn Sie durch das prächtige, dreistufige Portal treten, stehen Sie erst mal in einer weitläufigen Vorhalle, die einst zum angebauten, zweistöckigen Hospiz gehörte. Durch ein Rundbogenportal geht es in den Kirchenraum. Während im Erdgeschoss vermutlich der Aufenthaltsraum für die Pilger war, wurde das Obergeschoss, das erst nach 1300 errichtet wurde, als Schlafraum und Pflegestation verwendet. Eine Rundbogenöffnung zum Kirchenraum ermöglichte den Johannitern, sich zugleich um das körperliche und seelische Wohl der Hilfsbedürftigen zu kümmern. Die Gewölbe und der Großteil der Malereien im Hospiz sind zerstört. Die gotischen Fresken im einstigen Schlafraum entstanden nach dem verheerenden Dorfgroßbrand im Jahr 1383.

Eine Besonderheit im Obergeschoss sollten Sie nicht verpassen: *Das nur noch fragmentarisch erhaltene spätromanische Bild eines Malers gilt als die älteste Selbstdarstellung eines Künstlers.* Kurios ist auch die Szene links davon: ein Mann mit einer Schaufel, aus der Flammen aufsteigen. Soll hier auf die verbotene Sonntagsarbeit hingewiesen werden? Oder ist es ein Gehilfe des Künstlers, der Kalk löscht?

Einst führte der Weg an der Nordseite der Kirche vorbei: Das imposante Christophorusbild an der Fassade begrüßte die Pilger und Reisenden.

Am Scheitelpunkt des Kreuzgewölbes befindet sich eine für diese Gegend sehr untypische Deesis-Darstellung: Die byzantinische Bildkomposition mit dem Weltenherrscher in der Mitte und den Fürbittern Jungfrau Maria und Johannes dem Täufer zu seinen Seiten wirkt wie eine Ikone.

Im Mittelalter bot die St.-Johann-Kirche mit ihrer strategischen Lage im Münstertal zahlreichen Pilgern eine Unterkunft. Eigentlich sollte sie um 1890 zum Schulgebäude umgebaut werden, ein Vorhaben, das das staatliche Denkmalamt zum Glück verhinderte: So sind die prächtigen Fresken noch heute zu bestaunen.

Der Schlafsaal ist von außen durch eine Treppe an der Nordwand zu erreichen, dort führte nämlich einst die Straße entlang. Wohl deshalb ist an dieser Außenfassade auch *ein um 1230 geschaffenes, mit knapp fünf Meter Höhe schier monumentales Fresko des heiligen Christophorus, Patron der Reisenden, zu sehen: Das ist die älteste Christophorusdarstellung Tirols.*

Die Fresken im Chorraum

Die spätromanische Freskenausstattung im Chorraum entstand vermutlich zwischen 1220 und 1230 und überrascht mit außergewöhnlichen theologischen Inhalten. Das vollständig ausgemalte Kreuzgewölbe im Ostarm des Kirchenschiffs zeigt am Scheitelpunkt die »Deesis«, also die Darstellung des Weltenherrschers in der Mitte und zu seinen Seiten Maria und Johannes der Täufer als die Fürbitter der Menschheit – das ist im Alpenraum sehr untypisch. Das komplexe Programm zeigt deutliche Bezüge auf Orte und Berge im Heiligen Land, ein Wissen, das die Johanniter mitbrachten. So wird etwa an der Südwand in seltener Breite die Taufe Christi im Jordan dargestellt, inklusive Flussgetier. Im Gewölbe sind heilige Krieger, Bischöfe und Märtyrer, Könige und Jungfrauen dargestellt. Und wer sind die acht schreibenden Männer? Tatsächlich die vier lateinischen und vier griechischen Kirchenväter? Farblich dominiert dunkles Blau, stilistisch scheint der *Maler des Tauferer Bildprogramms von der byzantinischen Mosaikkunst inspiriert.* Kunsthistoriker deuten auf Ähnlichkeiten mit dem Mosaikzyklus von San Marco in Venedig sowie der Klosterkirche von Sinai hin. In unmittelbarer Nähe gibt es thematisch jedenfalls keinen Vergleich, während der Pinsel-Duktus nach Salzburg verweist.

Falls Sie sich über die vielen kleinen Löcher in den Heiligenscheinen und Kopfbedeckungen wundern, das ist ein technisches Detail: Diese Elemente waren mit Stuckauflagen dekoriert, die heute nicht mehr vorhanden sind. Auffällig sind auch die vielen kleinen Details wie verschiedene Gesichtsausdrücke, Mützen und Frisuren.

Aufgrund der politischen Wirren und sinkenden Pilgeranzahl nach Italien gaben die Johanniter das Hospiz im 16. Jahrhundert auf. Die Kirche verfiel im Zuge mehrerer Besitzerwechsel. Unter Kaiser Joseph II. wurde St. Johann um 1785 profaniert und diente als Heustadel und Geräteschuppen. Erst ab 1951 wurde die Kirche restauriert und 1956 wieder geweiht. Weitere Restaurierungsarbeiten erfolgten von 2000 bis 2002.

 9 Kloster St. Johann in Müstair

Wer heute von Glurns kommend durch das Münstertal fährt und die Grenze zur Schweiz passiert, wird auf der rätoromanischen Seite des Tals sofort von einer beeindruckenden Klosteranlage begrüßt: Zeitgleich mit Machu Picchu und Tadsch Mahal wurde das *Kloster St. Johann in Müstair 1983 von der UNESCO zum Weltkulturerbe ernannt.* Ausschlaggebend dafür waren die sehr gut erhaltenen Wandmalereien in der Klosterkirche, der *weltweit größte karolingische Freskenzyklus.*

Müstair, das rätoromanische Wort für »monasterium«, ist heute der östlichste Ort der Schweiz. Kulturell und politisch gesehen gehörte das Münstertal lange zum Vinschgau. Auch im heute vorwiegend deutschsprachigen Vinschgau wurde bis zur Reformation, mancherorts gar bis Anfang des 19. Jahrhunderts, Rätoromanisch gesprochen.

Warum steht dieses außergewöhnliche Bauwerk genau hier? Der Legende nach stiftete kein Geringerer als Karl der Große das Kloster: Als er nach seinem erfolgreichen Feldzug in Norditalien und der Selbsternennung zum Langobardenkönig im Jahr 774 über die Alpen gen Norden reisen wollte, kam er mit seinem Gefolge am Umbrailpass in einen tobenden Schneesturm. In der Notlage gelobte König Karl, im Tal ein Kloster zu gründen, sollten er und seine Männer heil davonkommen.

Natürlich ranken sich zahlreiche Sagen um die faszinierende Figur Karls des Großen, der später zum Kaiser gewählt wurde und über einen Großteil Mitteleuropas herrschte. Und doch scheint es plausibel, dass der Eroberer Europas etwas mit der Gründung des Klosters St. Johann zu tun hatte: Das älteste Bauholz der Klosteranlage wurde nachweislich im Jahr 775 geschlagen, die Gebäude des »Clostra Son Jon«, wie es im Rätoromanischen heißt, wurden ungewöhnlich schnell und großzügig erbaut, und auch die herausragenden Fresken sprechen dafür, dass hier nur die besten Künstler des Reichs beauftragt wurden. Karl war stets ein Förderer von Klöstern als religiöse Instanzen und Bildungseinrichtungen, er war aber auch ein hervorragender Stratege.

Die Gründung eines Klosters in dieser Lage war in erster Linie wohl eine machtstrategische Überlegung: In Müstair, damals Churrätien und fränkisches Gebiet, kreuzten sich wichtige Handelswege der Karolinger.

Im Süden lag das bereits besiegte Langobardenreich, im Norden Bayern – die perfekte Ausgangsposition für Karls Expansionspolitik nach Osten. Zudem hatte der Standort ein mildes Klima, ergiebiges Ackerland, eine gute Wasserversorgung und war vor Lawinen und Moränen geschützt. So wurde die Klosteranlage in Müstair, ursprünglich ein Männerkonvent, rasch zu einem wichtigen Quartier für Herrscher und reisende Handelsleute sowie ein bedeutender Stützpunkt im wachsenden Reich Karls des Großen. Der Bischof von Chur waltete hier als Beauftragter des Kaisers, dadurch war auch der Zugang in den Vinschgau gesichert. Seit dem 12. Jahrhundert ist St. Johann in Müstair ein Benediktinerinnenkloster. Aufgrund verschiedener Um- und Zubauten in der 1200-jährigen Klostergeschichte ist der Klosterkomplex heute ein Mix aus

Karlsstatue (Karl der Große, 747–814 n. Chr.): Prominent zwischen Mittel- und Südapsis steht in der Klosterkirche die älteste Monumentalstatue Karls des Großen (vermutlich zwischen 8. und 12. Jh. entstanden). Die 1,87 Meter große Figur ist original aus Stuck, Teile davon sind spätgotische Ergänzungen aus lokalem Stein (z. B. die Beine).

Das Kloster St. Johann in Müstair liegt malerisch im östlichsten Zipfel der Schweiz. Die imposante Klosteranlage trägt das Prädikat »UNESCO Weltkulturerbe«, hier wird fleißig geforscht, und immer wieder werden spannende Entdeckungen gemacht.

In der großzügigen Klosteranlage laden Sitzbänke zum Innehalten und Genießen ein.

Anfangs lebten im Kloster Ordensbrüder, ab 1200 zogen die Benediktinerinnen ein. Heute leben rund zehn Nonnen hier.

Bauwerken verschiedener Epochen. Bei Restaurierungsarbeiten und durch die gezielte Erforschung des UNESCO-Weltkulturguts konnten in den letzten 50 Jahren immer wieder sensationelle Entdeckungen gemacht werden, oft anhand winziger Details und stets mit dem nötigen kriminalistischen Gespür und Wissen der Archäologen und Bauforscher. So ist die Klosteranlage nicht nur ein *Zeugnis der christlichen Hochblüte im Mittelalter,* sondern auch eine Art *historische Wundertüte:* Erst im Jahr 2000 wurde festgestellt, dass neben der Klosterkirche auch die lange für romanisch gehaltene Heiligkreuzkapelle aus karolingischer Zeit stammt. Sie enthält die älteste, tragende Holzdecke Europas. Eine Besonderheit ist auch der Plantaturm mit seinen auffälligen Schwalbenschwanzzinnen: Er wurde um 960 als Wehrturm von Bischof Hartpert von Chur errichtet und gilt als *ältester Wohn- und Wehrturm des Alpenraums.*

Die Fresken von Müstair

Das Herzstück ist zweifelsohne die Klosterkirche: Geben Sie Ihren Augen etwas Zeit, sich an den recht dunklen Kirchenraum zu gewöhnen, um dann den größten Schatz des Klosters zu entdecken: *Im 8. Jahrhundert entstand die Kirche als einfacher Saal mit hoch liegenden Fenstern, einer Flachdecke und einem Dreiapsidenchor im Osten,* ähnlich der *Burgkapelle von Hocheppan* →S. 146 und *St. Margareth in Lana* →S. 137. Die Wände des Kirchenraums wurden vollständig ausgemalt, wie ein Bilderbuch der biblischen Heilsgeschichte. Die klare Gliederung der über 130 Einzelszenen in rechteckige Raster lässt sich besonders gut an der Nordwand erkennen.

Da die karolingischen Wandmalereien bereits im 11. Jahrhundert nicht mehr gut sichtbar waren, erfolgte nach dem Einzug der Benediktinerschwestern eine *romanische Zweitausmalung der Ostwand um 1200.* Dabei wurden großteils die gleichen Themen wiederholt. Woran Sie erkennen können, aus welcher Zeit die Wandmalereien stammen? Obwohl die romanischen Fresken historisch gesehen im Schatten der älteren, karolingischen stehen, heben sich die romanischen Apsidenbilder heute durch ihre Farbigkeit und Leuchtkraft hervor. Das wird beispielsweise an der zentralen Darstellung der Johannesvita in der Hauptapsis deutlich.

Aufgrund der hohen Qualität der romanischen Bilder und dem starken byzantinischen Einfluss wird vermutet, dass die Maler von Müstair aus der sogenannten »Marienberger Schule« →S. 38 kamen. Bei der Zweitausmalung entstanden einzelne neue Themen, etwa die Parabel der klugen und törichten Jungfrauen. Interessant ist dabei, dass Teile dieser Malerei bis ins Detail mit den Darstellungen des Themas in der *Burgkapelle von Hocheppan* →S. 146 übereinstimmen, was auf Verbindungen zwischen Müstair, Marienberg und Hocheppan, insbesondere durch die Herren von Tarasp, hindeutet.

Im 15. Jahrhundert wurden auch die romanischen Fresken übertüncht. Eine besonders einschneidende Veränderung war der Einbau des spätgotischen Gewölbes und der Nonnenempore, wodurch die Wandmalereien teilweise verdeckt oder zerstört wur-

Hinter dem Altar leuchten farbenprächtig die Fresken aus dem 12. Jahrhundert. Eingängig zeigen sie unter anderem das Leben des heiligen Johannes, dem Patron der Kirche: das Gastmahl des Herodes mit dem Tanz der Salome, die Enthauptung Johannes des Täufers und wie Salome anschließend seinen Kopf vorführt.

den. Zur Zeit des Barock wurde die Kirche weiß gekalkt und schlicht ausgemalt.

Ein Sensationsfund: Im Jahr 1894 entdeckten die Forscher Josef Zemp und Robert Durrer oberhalb des Kirchenraums, zwischen gotischem Gewölbe und karolingischem Dachstuhl, den karolingischen Davidszyklus.

Die Freilegung und Restaurierung der karolingischen Fresken erfolgte erst zwischen 1947 und 1951. Damals wurden auch Teile der spätromanischen Wandmalereien der Ostwand abgelöst. Diese originalen, abgenommenen romanischen Bilder sind heute im Klostermuseum ausgestellt. Der Bestand in der Kirche wurde bei der damaligen Restaurierung teils stark retuschiert. Seit 2013 werden die Fresken der beiden Epochen etappenweise gereinigt und restauriert.

Vom Museumseingang im Kreuzgang fällt der Blick in den Innenhof des Konvents. Früher lebten die Nonnen hier in strenger Klausur, sogar mit ihren Verwandten durften sie nur durch ein Gitterfenster sprechen.

KULTURSTÄTTEN

⑧ St.-Johann-Kirche in Taufers im Münstertal

St.-Johann-Straße, Taufers im Münstertal
ferienregion-obervinschgau.it

⑨ Kloster St. Johann in Müstair

Übernachten: Im Benediktinerinnenkloster gibt es ein Gästehaus mit Doppel- und Einzelzimmern, außerdem vermietet das Kloster wochenweise die zugehörige Alp »Maiensäss Ruinatscha«.

Müstair (Schweiz)
muestair.ch

Infos zu Graubünden unter:
graubuenden.ch

ERLEBEN

Ortler-Höhenweg

Die neu ausgebaute Mehrtageswanderung mit 7 Etappen führt auf über 120 Kilometern mitten durch den Nationalpark Stilfserjoch und rund um König Ortler. Der Weg gilt als eine der anspruchsvollsten Höhenrouten in den Alpen. In manchen Abschnitten geht es über Gletscher und auf über 3000 m Höhe, die Hälfte des Rundwanderwegs liegt im lombardischen Veltlin.

Start und Ziel:
Stilfser-Joch-Pass

vinschgau.net

Uinaschlucht
(CH)
St. Valentin auf der Haide
Schlinig
(I)
Laatsch
St.-Johann-Kirche
8
Taufers im Münstertal
Kloster St. Johann
9
(CH) Müstair

Uinaschlucht

Die 20 Kilometer lange Tageswanderung über den Schliniger Höhenweg zur Uinaschlucht ist spektakulär. Einst verlief hier eine der beliebtesten Routen der Schmuggler, denn die Schlucht verbindet den Vinschgau mit dem Engadin. Von der Schweiz aus war die steile, 800 Meter hohe Felswand lange unbezwingbar. Um einen Zugang zu den Weiden der Alp Sursass und zur Alp Sesvenna zu schaffen, wurde 1908 bis 1910 ein Weg in den Felsen gesprengt, der bald von Wilderern und Schmugglern genutzt wurde. An der Grenze oben auf der Alten Pforzheimer Hütte war der Stützpunkt der »grünen Männer«, der italienischen Finanzbeamten. Seit 2015 gibt es dort die Ausstellung »Zollfreie Zone?« zum Schmuggel zwischen der Schweiz und Italien (Schlüssel in Sesvennahütte).

Start: Prämajur, Talstation Watles, Ziel: Schlinig

vinschgau.net

Im Reich von Marmor & Marille

In Laas und Schlanders wachsen auf knorrigen Bäumen saftige Marillen, während vom Jennwandmassiv riesige Marmorblöcke ins Tal ruckeln. Romanische Spuren finden Sie in der ⑩ *Pfarrkirche St. Johannes,* ⑪ *St.-Marx-Kirche* und ⑫ *St.-Sisinius-Kirche* in Laas sowie in der ⑬ *St.-Ägidius-Kirche* am Kortscher Sonnenberg.

LASA MARMO

Laaser Marmor: Das weiße Gold

Im Laaser Tal am Fuß der Ortlergruppe erheben sich die Felswände Weißwandl (2777 m), Mitterwandl (2631 m) und die Jennwand (2950 m). Hier können Sie das ganze Jahr über weiß schimmernde Stellen entdecken. Das ist kein Schnee, sondern die 1500 bis 2250 Meter hoch gelegenen Marmorbruchstellen eines Gesteins mit Weltruf:

Der Laaser Marmor gilt als reinster weißer Marmor Europas und entstand ebenso wie der Göflaner Marmor aus dem Nachbardorf Schlanders vor etwa 400 Millionen Jahren aus Kalkgestein – in einer »Metamorphose« durch viel Druck und Temperaturen um die 600 Grad Celsius. Das Ergebnis: ein feinkristalliner, sehr reiner und frostbeständiger Marmor.

Aus diesem Stein schnitzten die Besiedler der Gegend schon in prähistorischen Zeiten Menhire für ihre wichtigsten Kultplätze. Einen solchen Menhir können Sie heute in der *St.-Nikolaus-Kirche in Latsch* → S. 104 sehen. Als später die Römer ihre Alpentransversale durch das Etschtal, die »Via Claudia Augusta«, bauten, setzten sie an wichtigen Grenzübergängen Meilensteine aus edlem Vinschger Marmor. Im Mittelalter entwickelte sich im Vinschgau sogar eine eigene Bildhauerschule, es wurden Burg- und Schlossportale, Heiligenfiguren und Grabsteine im gesamten Alpenraum aus Laaser Marmor gefertigt. Nachdem Mitte des 19. Jahrhunderts der systematische Abbau des Gesteins begann, wurde der Laaser Marmor zum Lieblingskind der K.-u.-k-Monarchie. Insbesondere um die Jahrhundertwende war das »weiße Gold« aus dem Vinschgau ein Favorit der Künstler, Bildhauer und Steinmetzen. Baudenkmäler und Kunstwerke aus Laaser Marmor sind etwa das Queen-Victoria-Memorial vor dem Buckingham Palace in London, der Pallas-Athene-Brunnen vor dem Wiener Parlament, die Mosesstatue in Philadelphia (USA) sowie unzählige Marmorkreuze für die im Zweiten Weltkrieg in Europa gefallenen amerikanischen Soldaten. Und seit einigen Jahren auch die größte U-Bahnstation der Welt – am Ground Zero in New York wurden rund 40.000 Quadratmeter Laaser Marmor eingebaut.

Ganz eine Süße: die Vinschger Marille

Auch wenn Sie im Vinschgau hauptsächlich Apfelbäume sehen: So mancher Vinschger Bauer ist überzeugt, dass Adam von Eva mit einer Marille verführt wurde. Und so abwegig ist das nicht mal, denn nachdem Aprikosen von Alexander dem Großen in den Mittelmeerraum gebracht wurden, galt die Marille in Europa lange als Symbol für weibliche Schönheit. Ob es deshalb Tradition ist, auf Vinschger Bauernhöfen ein paar Marillenbäume zu halten, ist nicht überliefert. Jedenfalls ziert die Rosenfrucht schon seit Jahrhunderten die Hauswände der Region.

Im milden und trockenen Klima des Vinschgaus fühlte sich die Aprikose nämlich gleich

Die fleischige »Vinschger Marille« ist wegen ihrem süß-säuerlichen Aroma besonders für die Herstellung von Marmeladen und dem Destillat »Marilleler« begehrt.

wohl. Der Grund: Die Anbauhöhe zwischen 500 und 1100 Meter Meereshöhe und die dortigen Temperaturschwankungen, die lockeren Böden, wenig Niederschlag, viel Sonne und der Vinschger Wind sind ideale Reifebedingungen für die süße Frucht. Als der Apfelanbau im Vinschgau in den 1990er Jahren zu einem wichtigen Wirtschaftsfaktor für die Bauern wurde, geriet die Marille ins Hintertreffen. In den letzten Jahren erlebt sie erneute Wertschätzung: Sie ist zwar ein Nischenprodukt, kann aber dort angebaut werden, wo der Apfel nicht mehr wächst. Jährlich werden von den 120 Marillenbauern im Vinschgau zwischen Mitte Juli und Mitte August rund 350 Tonnen der hocharomatischen Frucht geerntet. 85 Prozent davon ist die eigene Sorte »Vinschger Marille«.

10 Pfarrkirche St. Johannes

Wenn Sie durch Laas spazieren, verstehen Sie schnell, warum die Ortschaft den Beinamen »Marmordorf« trägt: Das Gestein hat hier jahrhundertelang eine wichtige Rolle für die Bewohner gespielt und tut es heute noch – das beweist nicht nur das beeindruckende Blocklager neben dem Bahnhof. Im Ortskern sind die Pflastersteine, Brunnen, Skulpturen und Grabsteine aus dem weißen Gestein, da versteht es sich fast von selbst, dass es auch beim Bau der Pfarrkirche eine Rolle spielte. *Die romanische »Marmorkirche« wurde um 1220 errichtet*, auf den Mauern einer Vorgängerkirche aus dem 9. Jahrhundert.

Es war ein Prachtbau: An der Marmorkirche arbeiteten nur die geschicktesten Handwerker mit dem besten Material. Lombardische oder vom lombardischen Stil beeinflusste einheimische Steinmetzen schufen meisterhafte Skulpturen und Reliefs.

Zusammen mit dem Kapellenportal von *Schloss Tirol* →S. 122 und dem Portal der Stiftskirche des *Klosters Marienberg* →S. 30, die ebenfalls von Marmorarbeitern aus Laas beliefert wurden, gilt die Marmorkirche von Laas heute als bedeutendstes Zeugnis des romanischen Baustils im frühen 13. Jahrhundert im Westen von Südtirol.

Aber wie konnte sich ein Örtchen wie Laas zu dieser Zeit einen derartigen Prachtbau leisten? Der Wohlstand des Dorfs hat wohl damit zu tun, dass der Ort – neben der Marmorverarbeitung – auch Wegzoll einheben durfte, was am wichtigen Verkehrsweg durch den Vinschgau natürlich ordentlich Geld einbrachte. Nach der Brandschatzung durch die Engadiner wurde die Kirche im Jahr 1502 gotisiert, später wurden die Altäre barockisiert. 1758 wurde die romanische Rundapsis schließlich abgerissen und durch einen sechseckigen Chor ersetzt, nur die Grundmauern blieben erhalten. Als die Kirche zu klein wurde, aber kaum Geld für einen prächtigen Neubau vorhanden war, wurde 1849 zwar das Langhaus erweitert, aber der Chor durch eine Mauer abgetrennt und als Sakristei verwendet.

In Laas wird Marmor nicht nur abgebaut, der edle Stein wird auch von Künstlern, Bildhauern und Steinmetzen im Ort verarbeitet – etwa in der Werkstatt des Traditionsbetriebs »Mayr Josef«.

Von der Seite des Friedhofs lässt die Laaser Pfarrkirche kaum erahnen, dass sie einen kostbaren romanischen Schatz aus Laaser Marmor birgt.

In mühevoller Puzzlearbeit konnte die romanische »Marmorkirche« von Laas an der Ostseite der Pfarrkirche St. Johannes in den 1980er Jahren rekonstruiert werden – die marmornen Werkssteine waren zum Glück für die Umbauten im 18./19. Jahrhundert verwendet worden.

Die Ostgiebelwand war von einem barocken Wandbewurf verdeckt, sie wurde erst im Jahr 1930 wieder freigelegt. *1973 wurde die ursprünglich romanische Rundapsis mit den originalen Marmorteilen wiederaufgebaut.* Das war nur deshalb möglich, da die Werksstücke beim einstigen Umbau wiederverwendet worden waren. Heute sind von der romanischen Grundkirche die rekonstruierte Apsis zu sehen und der ursprünglich frei stehende Turm.

Wenn Sie die Laaser Pfarrkirche betreten, finden Sie zuerst den großzügigen Kirchenraum vor. Zur Apsis geht es durch einen Vorhang rechts vom Altar. Diese ursprüngliche Marmorkirche ist aus Marmorsteinquadern, die Apsis wurde innen verputzt. Im Triumphbogen ist ein Marmorkopf aus dem 5. oder 6. Jahrhundert angebracht, der bei den Restaurierungsarbeiten im Bauschutt gefunden wurde. An der Vorderseite der Altarmensa fällt die frühmittelalterliche Reliefplatte auf. Sie zeigt vermutlich die drei Märtyrer Sisinius, Alexander und Martyrius. Die Glasfenster hat der Laaser Künstler Jörg Hofer gestaltet.

Besonders spannend ist die kleine Marmorkirche von außen: Die drei Blendbögen an der Ostfassade erinnern an den Querschnitt einer romanischen Basilika. Im Giebelteil befindet sich ein Kruzifix, Löwen, ein Mann und weitere nicht erkennbare Reliefs. Die Apsis ist mit einem Rundbogenfries und Säulen verziert, die in Adler- und Blattwerkkapitellen enden. In den Vertiefungen der Rundbogenfenster sind Verzierungen mit Löwen, Palmetten und Flechtbändern zu sehen. So eine prächtige figürliche Ausstattung ist in dieser Gegend selten zu finden, das gibt es sonst im westlichen Frankreich oder in der Lombardei. An der linken Ecke zwischen Chorwand und Apsis ist das Relief eines Löwen mit einer Beute in den Klauen eingearbeitet. Soll er Christus darstellen, der das Böse hält? Oder symbolisiert der Löwe hier das Dämonische, das den Menschen verschlingt?

11 St.-Marx-Kirche

Nur ein paar Schritte südlich der Pfarrkirche steht die Kirche St. Markus, kurz St. Marx. Fast wäre sie im Zuge des Neubaus der Pfarrkirche im 19. Jahrhundert zum Widum umfunktioniert worden – glücklicherweise kam es nicht dazu, denn der Bau ist eine architektonische Rarität. Die St.-Marx-Kirche wurde nur ein paar Jahre vor der Pfarrkirche errichtet und ist in ihren Grundzügen noch im Original erhalten. Die exakt geschichteten Quadersteine sind im Bereich der Apsis aus weißem Marmor, ansonsten größtenteils aus rotem Allitzer Sandstein und blieben unverputzt. Obwohl die Kirche erstmals 1323 urkundlich erwähnt wird, lässt sich ihre Bauzeit durch die Bauweise eindeutig zwischen 1120 und 1130 festlegen: Das verraten insbesondere die senkrecht stehenden Eckquader.

St. Marx gibt viele Rätsel auf: War es vielleicht die erste Pfarrkirche? Warum baute sich Laas dann ein paar Jahre später gleich daneben eine größere Kirche? Und wer war der Auftraggeber des ungewöhnlich hohen Kirchenbaus? Die Antworten der Bauforscher: Als Pfarrkirche wäre die Ausstattung von St. Marx zu schlicht, außerdem bestand

Die St.-Marx-Kirche blieb unverputzt und zeigt noch heute die regelmäßige Schichtung: An der Basis wurden große Quader, oben kleinere Steine verwendet, im Ostgiebel ein Kreuz ausgespart.

auf dem Platz der Pfarrkirche schon ein Vorgängerbau. Im Mittelalter war es gängig, in einem Ort mehrere Kirchen zu bauen – da viele Adlige und Bürger ihre Religiosität und ihren Opferwillen durch Eigenkirchen oder Stiftungen an Klöster und Kirchen unterstreichen wollten. Der wohlhabende Erbauer von St. Marx konnte das Gebäude nur ansatzweise fertigstellen. War dem Auftraggeber das Geld ausgegangen? Es wird vermutet, dass es eine ranghohe Person des welfischen Geschlechts war, was in Verbindung mit dem Handelsverkehr mit Venedig auch gut zum ungewöhnlichen Patrozinium passen würde, denn das ist *die einzige Kirche in ganz Südtirol, die dem heiligen Markus geweiht ist*. Belegt ist hingegen, dass die Krypta der St.-Marx-Kirche im 15. Jahrhundert (wahrscheinlich schon davor) als Laaser Totengruft diente.

Im Zuge der Josephinischen Kirchenreform wurde St. Marx Ende des 18. Jahrhunderts profaniert, hier wurden Fahnen, Messkleider und allerhand Utensilien der Pfarrkirche gelagert. *1880 wurde im Gebäude schließlich die »k. k. Fachschule für Steinbearbeitung« untergebracht*. Dafür wurden große Fenster ausgebrochen und ein Obergeschoss eingezogen. Als die Fachschule 1911 nach Bozen umzog, diente die Struktur als Lagerraum, Grundschule, Proberaum für die Musikkapelle, im Untergeschoss befand sich eine Sennerei. Bei den Restaurierungsarbeiten im Jahr 2000 wurden der Kirchenraum und der original romanische Steinboden freigelegt, die Fensterausbrüche wieder geschlossen und an der Nordwand ein wertvolles gotisches Fresko aus dem 14. Jahrhundert entdeckt.

12 St.-Sisinius-Kirche

Im Westen von Laas steht auf einem kargen Felsenhügel, den die Einheimischen liebevoll »Sonta Sina Pichl« nennen, die Kirche St. Sisinius: eine der ältesten erhaltenen Kirchen im gesamten Vinschgau und mittlerweile ein Wahrzeichen des Tals.

Die vorromanische Kirche stammt vermutlich aus dem 8. Jahrhundert und wurde im 11./12. Jahrhundert zu einer für die Gegend seltenen Chorturmkirche erweitert. Zahlreiche Sagen ranken sich um den exponierten Hügel: Es heißt, hier sei ein Goldschatz versteckt, der manchmal nachts leuchtet; Hunnenkönig Attila liege am Hügel hinter der Kirche begraben, ein schwarzer Mann mit einem Dreispitzhut spaziere nachts über den Hügel ... Tonscherbenfunde bezeugen, dass hier schon in der Bronzezeit eine Kultstätte war.

Kein Wunder bei der Lage: Wenn Sie das Kirchlein nach einigen Minuten Fußweg vom Dorf aus erreichen, erwartet Sie ein herrlicher Rundblick auf Laas, das Dorf Tschengls und die umliegenden Bergmassive. Die Kirche ist von einer Asylmauer umgeben, an der teilweise ein Fischgrätmuster zu erkennen ist. Auf der Ostseite können Sie durch ein gotisches Spitzbogentor schreiten. Der ungegliederte Turm mit steinernem Pyramidendach und Biforienfenstern wurde über dem Chor gebaut, wie ein Schutz des Altarraumes; so war es bei Eigenkirchen im

Der ungegliederte Turm der St.-Sisinius-Kirche kann als Prototyp frühromanischen Turmbaus bezeichnet werden, mit Biforienfenstern mit einfachen Säulen auf allen Seiten, einem pyramidenförmig gemauerten Helm und als Schutz über dem Altarraum sitzend.

An der Westmauer der St.-Sisinius-Kirche ist deutlich zu erkennen, dass ein nachträglich ausgebrochenes Portal später wieder zugemauert wurde.

Bei der Restaurierung der Kirche im Jahr 1972 wurde der Fokus bewusst auf den Erhalt des Bestandes gelegt, und Objekte aus jüngerer Zeit wurden entfernt, was heute einen unverfälschten Eindruck der romanischen Kirche ermöglicht.

11. und 12. Jahrhundert im mittleren Vinschgau üblich. Etwas später ist das Langhaus erbaut worden. Auf der Südseite sind zwei Rundbogenfenster zu sehen sowie ein kleines Rundbogenfenster im Chorraum gen Osten. Das Kircheninnere ist ein Saalraum mit einer Flachdecke, der Chor ist mit einem Tonnengewölbe ausgestattet. Die Kirche entstand im Zuge der ersten Christianisierungswelle etwa zur gleichen Zeit wie die *St.-Prokulus-Kirche* → S. 115.

Das rechteckige Fenster im Chor kam erst im 16. Jahrhundert dazu, ebenso wie das Kirchenportal aus Laaser Marmor → S. 82. Geöffnet wird Letzteres allerdings nur zum Bittgang am St.-Sisinius-Tag (21. Mai) und zur Osterzeit. *Am Karfreitag und Karsamstag befindet sich hier das Ostergrab von Laas, eine alte Tradition, weshalb die Kirche den Beinamen »Osterkirche« trägt.* Der Friedhof von St. Sisinius spielte einst auch eine wichtige Rolle: Einer Dorfchronik zufolge wurde zur Zeit der Pest täglich ein Wagen mit den Toten nach St. Sisinius gebracht, und diese wurden in Massengräbern bestattet.

13 St.-Ägidius-Kirche

Auf einem Felsen westlich von Schlanders steht ein weiß getünchtes Kirchlein, das ein bisschen an die Felsenkirchen am Mittelmeer erinnert: Die St.-Ägidius-Kirche in Kortsch lehnt sich seit über 700 Jahren an den »Schatzknott«, wie die Einheimischen den mystischen Hügel nennen – feurige Rösser und ein altes Weib sollen der Legende nach einen hier verborgenen Schatz hüten. Der Felsen am steppenartigen Sonnenberg fällt auf drei Seiten steil ab und wurde schon früh als strategischer Aussichtspunkt aufs Tal genutzt: Mancherorts sind noch Mauerreste einer früheren Burg zu entdecken, in der Nähe wurden prähistorische Siedlungspuren gefunden, vermutlich befand sich hier ein Kultplatz. Am ersten Fastensonntag findet hier auch das traditionelle *Scheibenschlagen* → S. 55 statt.

Dem Waal entlang

Die sogenannten »Waalwege« im Vinschgau und rund um Meran haben nichts mit Walfischen zu tun, sondern sind Spazierwege entlang der »Waale«: Dabei handelt es sich um kilometerlange Bewässerungskanäle, die mancherorts schon im 13. Jahrhundert von den Bauern angelegt wurden, um ihre Felder und Wiesen bewirtschaften zu können – denn hier war auf den Regen kein Verlass! Der Vinschgau ist ein sehr niederschlagsarmes Gebiet.

Dem Ilswaal oder der Sonnenpromenade folgend, ist die Kirche in knapp 15 Minuten von Kortsch aus zu erreichen. Das überdimensionale Fresko an der südlichen Außenwand können Sie aber schon vom Tal herauf erkennen: Es zeigt den Patron der Reisenden, den heiligen Christophorus, und stammt aus der Zeit um 1330.

Auffällig von außen ist auch der achteckige Fassadenturm mit steinernem Pyramidendach. Der Turm kam erst bei der Erweiterung der Kirche im 14. Jahrhundert dazu. Von der romanischen Kirche ist heute nur ein Teil im Langhaus erhalten. Bei Restaurierungsarbeiten 1985 bis 1987 wurden im Inneren Fresken aus mehreren Epochen freigelegt. Dabei ist die Stifterfigur aus dem 12. Jahrhundert an der Südwand die älteste Wandmalerei. Der Heilige mit Krone stammt aus dem 13. Jahrhundert, das Martyrium des heiligen Sebastian ist noch mal 100 Jahre älter. Teile davon werden heute vom 1596 im Kirchenschiff eingezogenen Kreuzgratgewölbe verdeckt. In dieser Zeit entstanden auch die Fresken im spätgotischen Chorraum mit seinem Fünfachtelabschluss und die Schöpfungsgeschichte an der Südwand. Damals war den Kortschern anscheinend auch der Christophorus an der Außenwand zu groß: Er wurde mit einer kleineren Version des Heiligen übermalt. Die Zweitbemalung wurde bei der Restaurierung abgetragen und ist jetzt in der Kirche zu sehen, außen strahlt wieder das Original.

Der »Schatzknott«, von dem die St.-Ägidius-Kirche leuchtet, ist ein sagenumwobener Platz.
Das Kirchlein gilt längst als Wahrzeichen von Kortsch.

KULTURSTÄTTEN

⑩ Pfarrkirche St. Johannes

Vinschgaustraße, Laas

⑪ St.-Marx-Kirche

Marmorstraße 7, Laas

⑫ St.-Sisinius-Kirche

Vinschgaustraße, Laas

⑬ St-Ägidius-Kirche

Sonnenberger Straße, Kortsch
Weitere Infos unter:
schlanders-laas.it

ERLEBEN

Marmorführungen

Seit wann und wie wird Laaser Marmor eigentlich abgebaut, und wie sieht es in einem Marmorstollen aus? Das erfahren Sie in Laas, Göflan und Schlanders von den Experten, die mehrmals wöchentlich Führungen durch die Marmordörfer sowie geführte Tagesexpeditionen zu den Marmorbruchstellen anbieten, damit Besucher das »weiße Vinschger Gold«, den Laaser Marmor, hautnah erleben können.

marmorplus.it

Event »Marmor & Marillen«

Hart und weich, Schönes und Genussvolles verbinden sich bei dieser Veranstaltung, die jedes Jahr am ersten Augustwochenende in Laas stattfindet – genau zur Erntezeit der Marillen! Verpassen Sie nicht die saftigen Marillenknödel und andere Gaumenfreuden, die dann im Marmordorf serviert werden. Unbedingt auch die offenen Kulturwerkstätten besuchen und dort die entstehenden Marmorskulpturen der Steinbildhauer anschauen!

Laas
marmorundmarillen.com

Waalwege

Neben dem **»Ilswaal«** in Kortsch führen zahlreiche weitere Waalwege durch Laas und Schlanders, auch einer der höchstgelegenen Waalwege im gesamten Vinschgau: der **»Neuwaal«.** Vom Hof Außereggen am Schlanderser Sonnenberg verläuft er über Felder und Hänge bis ins das Schlandrauntal – teils auf einem recht schmalen Steig, hier brauchen Sie Trittsicherheit. Gemütlicher geht es am **»Zaalwaal«** zu, der sich durch Weinreben und Kastanienhaine zieht. Am Weg gibt es zwei alte Mühlen zu entdecken. Am gegenüberliegenden Nördersberg liegt der **»Fischerwaal«:** Wenn Sie im Dorf Tschengls die sogenannte Waalschelle hören, wissen Sie, ob gerade Wasser durch den uralten Bewässerungskanal läuft.

schlanders-laas.it

ESSEN & TRINKEN

Gasthaus »Zur Krone«

Auf dem marmorgepflasterten Dorfplatz von Laas sitzen und Knödel oder sogar die famosen Marillenknödel genießen – das geht im Gasthaus »Zur Krone«. Das Lokal ist ein gelungener Mix aus Vinschger Gaststube und mediterraner Osteria, diese Mischung zeigt sich auch in der Küche. Und es ist gut möglich, dass Sie am Nebentisch ein paar Einheimische beim Kartenspielen entdecken.

Hauptplatz 10, Laas
krone-laas.it

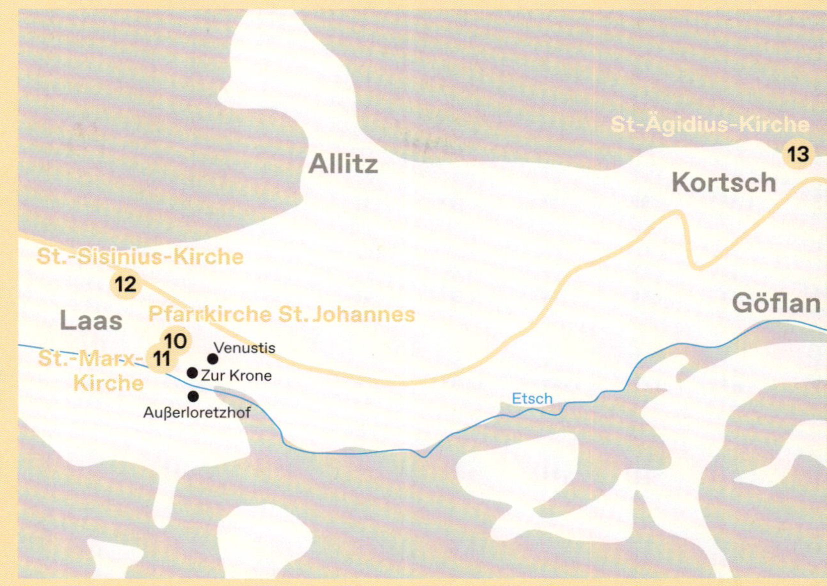

EINKAUFEN

Hofbrennerei »Außerloretzhof«

Günther Tappeiner zählt zu den renommiertesten Schnapsbrennern Südtirols. Er brennt regionale Früchte zu geschmackvollen Destillaten, etwa den »Vinschger Marilleler«, »Palabiern Brand« oder den »Erdbeerbrand«. Immer wieder kreiert er neue Edelbrände, etwa mit ungewöhnlichen Kombinationen wie beim »Apfelbrand mit Rosenblüten« oder den »Apfel-Karotten-Brand«, oder lagert Traubenbrand im Eichenfass. Der Außerloretzhof bietet auch Schnapsverkostungen an.

Schießstandweg 11, Laas
ausserloretzhof.it

Schokoladenmanufaktur »Venustis«

Beide Komponenten werden in feinster Handarbeit zu einzigartigen Kreationen veredelt. Schokoladen aus Edelkakao verfeinert mit der Vinschger Marille, Marteller Erdbeeren u.v.m. finden Sie hier neben Südtiroler Bergpralinen oder dem süßen Laaser Marmorwürfel. Mittwochs finden MarmorGenussFührungen statt, bei denen wir auch unsere »steinige« Seite präsentieren, den handgefertigten Laaser Marmorschmuck aus unserem hauseigenen Atelier. Venustis – wenn Sie das Besondere lieben!

Vinschgaustraße 10, Laas
venustis.it

Auf Trails & durch Schluchten

In Latsch kommt man in den »Flow«, ob beim Wandern oder beim Biken. Am Wegesrand warten romanische Schätze: Die ⑭ *St.-Vigilius-Kirche* und ⑮ *Burgkapelle St. Stephan* in Morter, ⑯ *St.-Nikolaus-Kirche* und ⑰ *Unsere Liebe Frau auf dem Bühel* in Latsch sowie die ⑱ *St.-Karpophorus-Kirche* in Tarsch.

Im Bike-Eldorado

Latsch war vermutlich schon in grauer Vorzeit eine der ersten besiedelten Zonen im Vinschgau, später bauten die Römer zur Alpenüberquerung die Straße »Via Claudia Augusta« direkt an Latsch vorbei. Im Mittelalter war der Ort eine der lebhaftesten und reichsten Gemeinden im Vinschgau, was heute noch an den zahlreichen prächtigen Grabsteinen für Adlige und der Vielzahl an mittelalterlichen Kirchen und Kapellen zu erkennen ist. Der Grund dafür? Die perfekte Lage und die wichtige Brücke über den tosenden Etschfluss auf dem sogenannten »Oberen Weg«, der von Meran über den Reschenpass und ins Inntal führte. Hier kamen viele Pilger und Handelsreisende durch. Der Ort entwickelte sich so zu einem Bindeglied zwischen Süd und Nord und zu einem strategisch wichtigen Punkt im Vinschgau, was die verschiedenen Burgen in Latsch bezeugen.

Apfelland Südtirol

Auch die Äpfel mögen das Vinschger Klima, sie wachsen hier schon seit der Antike. Nach der Etschregulierung im 19. Jahrhundert wurde der Apfelanbau für die Südtiroler Bauern in den Tallagen immer wichtiger. Heute wird Südtirol der »Obstgarten Europas« genannt – mit einer Anbaufläche von fast 15.000 Hektar bzw. 25.770 Fußballfeldern. Die Apfelwiesen der 7700 Südtiroler Bauern reichen von Salurn im Süden durch das gesamte Etschtal und Burggrafenamt bis in den Vinschgau sowie nach Brixen im Eisacktal.

Heute zieht sich ein dichtes Wegenetz für Wanderer und Radfahrer durch das Gebiet von Latsch, das mittlerweile schon den Beinamen »Bike-Eldorado« eingeheimst hat.

Wiederum aufgrund der besonderen Lage: Latsch befindet sich genau in der Mitte der rund 70 Kilometer langen Vinschger Talkerbe, die sich entlang der Etsch zieht und zwischen dem Ortler und den Ötztaler Alpen großteils von Schlechtwetterfronten abgeschirmt wird. Deshalb beginnt hier die Bike-Saison schon im März und profitiert von der typischen Vegetation des Tals – denn dann sind die Trails und Wanderwege am »Sonnenberg« auf der nördlichen Talseite perfekt. Im Sommer wird es dort zu heiß, die Hänge verwandeln sich in eine Art Steppe, und die Biker wechseln auf die gegenüberliegende Seite, auf die Wege am »Nördersberg«. Diese Südhänge sind dicht mit Fichtenwald bewachsen und für die besonders natürliche Wegführung bekannt. Die Bike-Saison geht im Vinschgau bis in den November. Mit der Seilbahn oder mit Shuttlebussen sind die abwechslungsreichen Trails sogar ohne Raufstrampeln zu erreichen. Für Rennradfahrer ist die Stilfser-Joch-Straße das absolute Highlight: Ab Mitte Mai ist sie geöffnet, dann geht es von Prad aus rund 25 Kilometer und 48 Spitzkehren hinauf auf 2757 Meter Meereshöhe – das Stilfser Joch ist immerhin der höchste Gebirgspass Italiens. Eine gemütliche Radtour für Familien ist die Route »Via Claudia Augusta« durch das Tal.

14 St.-Vigilius-Kirche

Am Eingang ins Martelltal liegt auf einem Murkegel des Plimabachs der Latscher Ortsteil Morter. Durch die günstige Position an der Talrandzone gab es hier schon zur Bronzezeit Besiedelung. Im Mittelalter waren die heutigen Burgruinen Obermontani und Untermontani machtstrategische Stützpunkte im mittleren Vinschgau. Darunter steht inmitten von Obstbäumen die St.-Vigilius-Kirche, die auch als »Kapelle zum heiligen Vigilius im Anger« oder »Blasiuskirchlein« bekannt ist.

Von außen fällt gleich ihre ungewöhnliche Form auf, die an den Orient erinnert: Mit dem Grundriss in Form eines Kleeblatts mit drei Apsiden handelt es sich hier um einen sogenannten Dreikonchenbau. Das ist einzigartig für den Vinschgau und ganz Tirol.

Überraschend ist auch das Patrozinium zu Vigilius und Blasius, eigentlich Trienter Kirchenheilige – das ist als deutliche Besitzanzeige des Trienter Bischofs zu verstehen. Die romanische Kirche ist nämlich nicht nur ein architektonisches Juwel, sondern auch *ein wunderbares Beispiel für die Machtverhältnisse jener Zeit:* Im Langhaus der Kapelle wird in Majuskelschrift von der Weihe der Kirche im Jahr 1080 durch Bischof Heinrich I. von Trient berichtet, der dafür den Churer Bischof um Erlaubnis gebeten hatte. Aber warum musste er denn bei einer Eigenkirche auf seinem Trienter Grundbesitz jemanden um Erlaubnis bitten? Das war tatsächlich nötig: Der Bischof von Trient verfügte zwar über Besitz in Morter, die kirchliche Zugehörigkeit des Vinschgaus lag aber beim Bistum Chur. Kirchliche und weltliche Macht vermischten sich im Mittelalter zunehmend. So schenkte im Jahr 967 Kaiser Otto I. dem Bischof von Chur Güter in »terra mortuorum«, also Morter, später verlieh König Konrad II. im Jahr 1027 die Grafschaftsrechte im Vinschgau dem Bischof von Trient – dieser schaffte es aber nicht wirklich, im Churer Gebiet eine Machtposition aufzubauen. Besonders im mittleren Vinschgau kam es lange Zeit zu zersplitterten Grundherrschaften und einem Nebeneinander von Trient und Chur. Im 13. Jahrhundert stand die St.-Vigilius-Kirche schließlich unter dem Patronat von Graf Albert III. von Tirol.

In der Kirche sind nur wenige Fresken erhalten, die Weiheinschrift wurde bei Restaurierungsarbeiten 1890 freigelegt. An der Außenfassade im Süden, gleich neben dem steingerahmten Eingangsportal, sind eine Kreuzigungsgruppe und die Kirchenheiligen dargestellt, die Wandmalerei stammt aus dem 14. Jahrhundert. An der Ostseite steht ein kleiner Fassadenturm mit Glocke. Spannend für die Baudatierung und selten ist auch das Sichtmauerwerk: Die Struktur aus unbearbeiteten Bruchsteinen und Bachkoppen im unteren Bereich und einzelnen größeren, flach verlegten Steinplatten ist entscheidend und ermöglicht Vergleiche zu den ältesten Mauerteilen von *Schloss Tirol* → S. 122 aus der Zeit um 1100.

Neben der steingerahmten Spitzbogentür fällt an der Südfassade der St.-Vigilius-Kirche die prächtige Kreuzigungsszene aus dem 14. Jahrhundert auf. Sie hat sich durch den Schutz eines Holzdächleins gut erhalten.

15 Burgkapelle St. Stephan

Etwas unterhalb der Burgruine Obermontani mit ihren Schwalbenschwanzzinnen liegt auf einem steil abfallenden Abbruchfelsen die Kapelle St. Stephan. Auf dem markanten »Stöfflknott«, wie die Einheimischen den Felsrücken in Morter nennen, gab es schon zur Bronzezeit Besiedelung. Die Burg wurde 1228 durch Albert III. von Tirol erbaut und wurde zu einem wichtigen Stützpunkt seiner Herrschaft im mittleren Vinschgau. Der Bau war widerrechtlich auf Territorium des Churer Bistums errichtet worden – ganz bewusst, denn der Tiroler Graf nutzte jede Gelegenheit, um den geistlichen Fürsten ihre Macht streitig zu machen. Wenig später kam es zu einem Verfahren, und Albert musste die Churer Lehnsherrschaft offiziell anerkennen, tatsächlich verblieb die strategisch wichtige Burg aber in seinem Besitz. Ende des 13. Jahrhunderts ging sie an das Geschlecht der Montani über. Offensichtlich waren auch sie über die Landesgrenzen hinaus einflussreich: *Auf der Burg wurde eine originale Niederschrift des Nibelungenliedes aus dem Jahr 1323 gefunden,* sie wird heute in der Berliner Staatsbibliothek sicher verwahrt.

Die Kapelle St. Stephan liegt zwar etwa 100 Meter außerhalb der Burgmauern, es wird aber davon ausgegangen, dass sie als Burgkapelle genutzt wurde. Hier stand bereits eine vorromanische Kirche, vermutlich aus dem 7. Jahrhundert. Darauf verweist auch das Patrozinium des Stephanus, der zu den älteren Kirchenpatronen gehört. Aus dieser ersten Christianisierungswelle ist auch noch das Kirchlein St. Stephan (um 500) nahe *Kloster Marienberg* → S. 30 erhalten. Wahrscheinlich wurde die Kapelle St. Stephan Mitte des 13. Jahrhunderts im Zuge des Burgbaus erweitert, als Eigenkirche. Da die Kapelle aber erstmals infolge der Kirchweihe im Jahr 1487 genannt wird, ist die Baudatierung nicht so eindeutig.

Sie sollten schwindelfrei sein, wenn Sie um die Kirche spazieren – das Eingangsportal im Westen liegt unter dem Fassadenglockenturm und nur ein paar Meter vom Abgrund entfernt.

Im Inneren überrascht die Kirche mit außergewöhnlichen gotischen Fresken – deshalb wird St. Stephan auch die »Sixtinische Kapelle Südtirols« genannt. Die farbenprächtigen Malereien wurden nie übertüncht und erzählen noch heute vom höfischen Leben des Mittelalters.

Die Malereien entstanden in zwei Phasen: Um 1430 entstanden die Fresken im Presbyterium, die im Gewölbe Christus in der Mandorla und die thronende Madonna von Engeln flankiert zeigen, in den Gewölbezwickeln sitzen die Evangelisten. An den Chorwänden ist im Norden die Anbetung der Könige zu sehen, an der Ost- und Südwand sind die Apostel dargestellt. Aus derselben Zeit stammen die Fresken aus dem Leben des Stephanus an der fensterlosen Nordwand und das daran anschließende Martyrium

An zwei Seitenwänden der Apsis sind die Apostel mit einer Architekturrahmung abgebildet, das verweist auf die französische Gotik. Die Fresken von 1430 stammen von lombardischen Malern, die scheinbar Elemente der nordalpinen und südlichen Gotik vereinten.

Mit dem Fassadenglockenturm im Westen und dem einfachen Grundriss wirkt St. Stephan von außen unscheinbar, innen wartet eine prächtige Freskenausstattung. Die fensterlose Nordmauer lehnt sich in den Hügel, an der Südseite und im Chor sind schmale Spitzbogenfenster eingearbeitet.

An der Nordwand der Burgkapelle befindet sich der Bilderzyklus zur Stephanus-Legende, der einzige in ganz Südtirol. Ohne Vergleich weit über die Grenzen hinaus ist dabei die Szene der Entkleidung vor der Steinigung sowie seine Anwesenheit bei der Bergung der Reliquien. Woher hatte der Maler wohl seine Inspiration?

der heiligen Ursula, das sich bis zum Triumphbogen zieht. Im unteren Teil der südlichen Triumphbogenwand ist Eustachius in einer Jagdszene mit einem Hirsch gemalt, wobei die Jagd hier wohl als Symbol für den Ritterstand steht. Die vorwiegend in Rot, Ocker und Grün gehaltenen Fresken aus dieser ersten Ausstattung werden lombardischen Malern zugeschrieben. Sie wirken laut Kunsthistorikern etwas derb und wie Bruchstücke ohne einheitliches Programm. Warum ist etwa ein Bild des heiligen Antonius an der Nordwand eingeschoben? Und warum wurde die Ausmalung plötzlich abgebrochen?

Die Malereien an der Süd- und Westwand kamen nämlich erst um 1487 dazu: An der Südwand herrschen Bilder des Passionszyklus vor, an der Westwand ist das Weltengericht dargestellt – so wurden die Gläubigen vor dem Verlassen der Kirche auch noch von einem Bild des Höllenschlundes beeindruckt.

Spannend sind die *Graffitis an den Wänden* – die Inschriften wurden wahrscheinlich teils durch Adlige und Geistliche, aber auch von der zunehmend besser gebildeten Bevölkerung eingeritzt und stammen vorwiegend aus dem 15. und 16. Jahrhundert. Es war wohl auch so manche Bitte um Regen darunter, die Burgkapelle wurde nämlich bis hinauf ins 20. Jahrhundert insbesondere bei Trockenheit aufgesucht.

16 St.-Nikolaus-Kirche

Der charakteristische romanische Turm der St.-Nikolaus-Kirche ragt an einer wichtigen Wegkreuzung im Norden von Latsch in die Höhe, noch heute umrundet man an der Straße praktisch die Chorturmkirche. Sie wurde zwar 1326 erstmals urkundlich genannt, ist aber bereits vor 1228 den Johannitern geschenkt worden, wie *St. Johann in Taufers im Münstertal* →S. 68. Vermutlich war die Kirche auch hier mit einem Hospiz für Pilger verbunden. Aufgrund der Bauform wird davon ausgegangen, dass die Kirche vor 1200 errichtet wurde, vielleicht sogar schon im 11. Jahrhundert. Darauf weist insbesondere der wuchtige, niedrige Chorturm hin: Das meiste ist zwar verputzt, aber mit seinen Doppelbogenfenstern mit Trennungssäulchen und dem angedeuteten Würfelkapitell sind Ähnlichkeiten zu *St. Prokulus in Naturns* →S. 115 festzustellen, ebenso typisch ist das vertiefte Bogenfeld mit den zwei mittleren breiten und den zwei schmalen Bögen außen. Auch das schmal gehaltene Schiff und das Fehlen des Zahnschnittfrieses am Turm lassen eine frühere Datierung vermuten.

Der eingezogene quadratische Chorraum befindet sich unter dem Turm, als Zeichen der Wertschätzung und zum Schutz der Apsis war das in der Romanik eine gängige Bauweise.

Einst soll die Kirche eine Flachdecke gehabt haben, das heute sichtbare Tonnengewölbe

An der Südseite des Langhauses ist der Kirchenpatron, der heilige Nikolaus, abgebildet. Das Fresko wird auf das ausgehende 14. Jahrhundert datiert.

Der gedrungene Turm der St.-Nikolaus-Kirche erhebt sich an einer ursprünglich wichtigen Wegkreuzung in Latsch – das erklärt auch das Fresko des Christophorus, dem Schutzpatron der Reisenden, an der Fassade.

entstand erst nach einem Brand im 17. Jahrhundert, ebenso wie die etwas unförmigen Fenster. Der Kircheneingang an der Südseite des Schiffs wurde in der Gotik zu einem Spitzbogenportal überformt.

Bemerkenswert an der Südfassade ist das Fresko der Kreuzabnahme, das nur mehr fragmentarisch erhalten ist, aber auf 1210 datiert werden konnte. Es wird mit der »Marienberger Schule« →S. 38 verknüpft wird und kehrt als Motiv auch an der *Burgkapelle von Hocheppan* →S. 146 wieder. Aus dem 14. Jahrhundert stammen hingegen die Bilder des heiligen Christophorus, der als Heiliger der Reisenden häufig an Kirchen nahe den Pilger- und Handelswegen angebracht wurde, sowie das Bild des heiligen Nikolaus. Der Kirchenpatron St. Nikolaus gilt einerseits als Schutzheiliger der Wanderer, wurde aber auch bei Wassergefahren angefleht.

Die Kirche wurde im Jahr 1782 unter Joseph II. profaniert und dient seitdem nicht mehr als sakraler Raum. 1859 lagerte hier das Militär, ab 1878 diente sie als Spritzenhaus der freiwilligen Feuerwehr und 1883 wurde zur Erweiterung der Straße die Sakristei abgetragen. Die Kirche mitten im Dorf verfiel zunehmend. 2016 wurde sie schließlich komplett saniert und *beherbergt heute die Ausstellung zum »Latscher Menhir«*, der in der benachbarten Kirche Unsere Liebe Frau auf dem Bühel entdeckt worden war.

17 Unsere Liebe Frau auf dem Bühel

Die sogenannte »Bichlkirche« liegt, wie der Name andeutet, ebenso auf einem Hügel (Bühel). Sie ist die älteste Kirche von Latsch und ein *Konglomerat aus romanischer, gotischer und barocker Bauweise*. Der älteste Baubestand der Kirche Unsere Liebe Frau auf dem Bühel ist der Turm aus dem 12. Jahrhundert, mit typisch romanischen Elementen wie dem Rundbogenfries und dem Zahnschnittmuster. Er ist ein seltenes Beispiel der regelmäßigen romanischen Bauweise mit streng gelegtem Mauerwerk aus plattigen, länglichen Steinen. Diese Baumethode erinnert an die Nordmauer der Burgkapelle in *Schloss Tirol* →S. 122. Das Fehlen des Blendbogens im unteren Bereich an der Süd- und Westmauer lässt vermuten, dass hier ein Zubau stand. Ob es eine Vorgängerkirche gab, ist unklar. Der gotische Neubau der Kirche mit den Eckquadern am Schiff und am Chor wurde in der zweiten Hälfte des 15. Jahrhunderts errichtet. Laut Bauinschrift wurde 1450 mit dem Kirchenbau begonnen, wahrscheinlich wurde er aber in zwei Teilen gemacht, wobei zuerst der gotische Chor entstand, und erst später kam das gotische Kirchenschiff dazu. Untypisch ist dabei vor allem die Flachdecke, die sogar die Barockisierung beim Anbau der Seitenkapelle im 17. Jahrhundert überdauerte. Auch die rundbogigen, mit einem Kreuz unterteilten Turmfenster, die beim Aufsatz des gotischen Glockenhauses entstanden, sind einzigartig. An manchen Stellen ist die Kirche außen unverputzt und zeigt die typisch romanische Schichtung des Mauerwerks.

Romanik, Gotik, Barock: Die »Bichlkirche« in Latsch zeigt Elemente verschiedener Epochen.

Es war ein Sensationsfund, als im Jahr 1992 bei Restaurierungsarbeiten die Altarmensa wie eine Zwiebel epochenweise auseinandergeschält wurde: Unter der barocken Verkleidung war ein gotischer Altar, dieser wiederum war mit einer Platte aus feinstem Laaser Marmor ausgestattet: ein 5000 Jahre alter Figurenmenhir!

Dieser Bildstein ist heute als »Latscher Menhir« bekannt und ein bedeutender Fund aus der Kupferzeit. Der Menhir war auf das passende Maß für seinen neuen Zweck als Altarplatte zugeschlagen worden, entsprechend fehlen der obere Bogen und die untere konische Form für die Verankerung im Boden, also die Kopf- und Fußpartie. Heute ist er nur mehr einen Meter hoch, während die ursprüngliche Stele wohl knapp zwei Meter maß. Die Symbole auf dem Stein sind aufschlussreich: *Gewisse Elemente wie der Girlandengürtel, Äxte und Dolche sind typisch für männliche Bildsteine der sogenannten Etschtalgruppe, während Verzierungen wie die Sonne oder der Hirsch auf die lombardische Valcamonica-Gruppe verweisen* – ein deutlicher Hinweis, dass es bereits zur Kupferzeit Verbindungen zwischen dem Etschtal, dem Vinschgau und der Lombardei gab. Ursprünglich stand die Stele wahrscheinlich genau dort, wo heute die Kirche steht: auf einem urzeitlichen Kultplatz auf dem Bühel und von Weitem sichtbar. Heute kann der »Latscher Menhir« in der benachbarten *St.-Nikolaus-Kirche* →S.104 besichtigt werden.

18 St.-Karpophorus-Kirche

Den schönsten romanischen Glockenturm Südtirols finden Sie am östlichen Dorfrand von Tarsch, einem Ortsteil von Latsch am Fuße des Tarscher Jöchls. Das Tarscher Jöchl war im Mittelalter ein wichtiger Übergang vom Vinschgau ins Ultental und über den Nonsberg in Richtung Gardasee und in die Lombardei. Wohl deshalb befanden sich in diesem kleinen Dorf am Waldrand des Nördersbergs gleich zwei Hospize, eines bei der Kirche St. Medardus und eines bei der nahe gelegenen Pfarrkirche zum heiligen Michael, wo noch heute eine geschnitzte Jakobsmuschel an die Pilgerzeit erinnert. Übrigens: Tarsch bei Latsch ist nicht zu verwechseln mit Tartsch im Obervinschgau, wo sich die *St.-Veit-Kirche* →S.51 auf dem sagenumwobenen Tartscher Bühel befindet.

Vermutlich wurde die St.-Karpophorus-Kirche im 12. Jahrhundert auf mindestens zwei Vorgängerbauten errichtet. Im Jahr 1214 schenkte Kaiser Friedrich II. die Kirche dem deutschen Orden, dem sie bis heute gehört. Aber warum dieses Patrozinium? *Das ist eine Besonderheit in Südtirol, denn der heilige Karpophorus ist ein in der Gegend eher unbekannter römischer Heiliger.* Er gilt allerdings als Schutzheiliger guter Ernte, was in einem von Landwirtschaft geprägten Ort wie Latsch durchaus Sinn machen würde – trotzdem ist unklar, wie es zu dem ungewöhnlichen Kirchenpatron kam.

Im Inneren hat die Saalkirche eine typische Flachdecke aus Holz, der gerade abschließende Chorraum verfügt über ein Kreuzgratgewölbe. Im Chor steht heute ein Altar aus dem Jahr 1636, der 1743 mit Altarbildern des Naturnser Barockmalers Simon Ybertrachter ausgestattet wurde. Die Kirche wurde im 18. Jahrhundert im spätgotischen Stil und dann noch mal um 1905 umgebaut. Die heutige Einrichtung stammt aus dem letzten Umbau.

Ein Glück, dass der Turm bei all diesen Veränderungen über die Jahrhunderte großteils verschont blieb: Er wurde nur verputzt und konnte bei Restaurierungsarbeiten vor einigen Jahren deshalb erfolgreich freigelegt werden.

Heute ist der Glockenturm der St.-Karpophorus-Kirche der eindrucksvollste romanische Turmbau des Landes: Unter der viereckigen Helmpyramide ist der Turm mit Biforien- und Triforienfenstern ausgestattet, die von kleinen Säulen und Würfelkapitellen getrennt sind. Die Gliederung erfolgt durch Mauerblenden, Rundbogen- und Zahnschnittfriese in einer klaren Hierarchie.

Der Turm von St. Karpophorus ist ein mustergültiges Beispiel romanischer Baukunst. Jahrhundertelang lagen die prächtigen Verzierungen unter Putz versteckt – und blieben so erhalten.

KULTURSTÄTTEN

(14) St.-Vigilius-Kirche

Hofergasse 14, Morter

(15) Burgkapelle St. Stephan

Obermontaniweg, Latsch

(16) St.-Nikolaus-Kirche

Hauptstraße 30, Latsch

(17) Unsere Liebe Frau auf dem Bühel

Bühelgasse 1A, Latsch

(18) St.-Karpophorus-Kirche

Obermühlweg 42, Tarsch
Weitere Infos unter: *latsch-martell.it*

ERLEBEN

Plimaschlucht

Über mehrere Jahrtausende hat der Wildbach Plima am Fuß des Cevedalemassivs diese beeindruckende Schlucht geschaffen. Heute ist sie ein Naturerlebnis für die ganze Familie. Von

den modernen Aussichtsplattformen »Kelle«, »Sichel« und »Kanzel« gibt es wechselnde Perspektiven auf die Schlucht oder das umliegende Bergpanorama, mal hängen Sie mitten in der Klamm, mal können Sie die erfrischende Gischt auf der Haut spüren. Das Highlight ist die Hängebrücke! Einkehr- und Übernachtungsmöglichkeit gibt es auf der Zufallhütte am Ende des Schluchtenwegs.

Start und Ziel: Parkplatz Hintermartell
Tour: leicht, ca. 2 Stunden, 6 km, 260 Hm

ESSEN & TRINKEN

Sternerestaurant Kuppelrain

Seit über 30 Jahren servieren Jörg und Sonya Trafoier im Kuppelrain hochwertige Gaumenfreuden und haben das ehemalige Dorfgasthaus in ein gehobenes Restaurant mit Michelin-Stern verwandelt. So manches, was hier aufgetischt wird, baut Küchenchef Jörg sogar auf seinem Bauernhof selbst an, seine Ehefrau und Sommelière Sonya hält einige Hühner hinter dem Restaurant. Mittlerweile steht Sohn Kevin mit Jörg am Herd, Tochter Nathalie ist Patissière und sorgt für den süßen Abschluss. Wer abends hier essen will, sollte reservieren. Mittags heißt das Bistro »Le Petit Kuppelrain« direkt an der Etschradroute gourmetaffine Wanderer und Biker willkommen.

Bahnhofsstraße. 16, Kastelbell-Tschars
kuppelrain.com

RADFAHREN & BIKEN

Monte-Sole-Trail (Sunny Benny)

Durch die sonnenverwöhnte Lage am Sonnenberg ist dieser Trail fast ganzjährig befahrbar, aber besonders im Frühling und Herbst zu empfehlen: Der Singletrail gilt als schönster der Alpen! Die Route ist anspruchsvoll, es gibt aber auch einfachere Abfahrtsvarianten für Anfänger. Achtung, streckenweise auch ein Wanderweg, nach dem Motto »Share the trail«!

Start: Talstation St. Martin im Kofel in Latsch. 14,5 km, Schwierigkeit S1–S2

Latscher-Trail-Zauber

Von Latsch führt dieser Trail gemütlich bergaufwärts und zur Burgruine Obermontani und zur Burgkapelle St. Stephan →S.101. Von

hier startet ein ziemlich technischer Abschnitt mit Spitzkehren bis zur Burg Untermontani, dann führt der Weg entlang des Mareinwaalwegs. Teilweise »Share the trail«.

Start: Aquaforum Latsch; 11,5 km, 409 Hm, S2

Holy-Hansen-Trail

Er war vor rund 10 Jahren der erste künstlich angelegte Trail nur für Biker und gehört heute zu den Cross-Country-Klassikern: der flowige »Holy-Hansen-Trail« am Nördersberg. Die Route ist für Anfänger und Fortgeschrittene geeignet, beinhaltet aber einige schwierige Abschnitte (S 3/4) – hier gibt es für Anfänger die Möglichkeit, auf die Forststraße zu wechseln. Tipp: Kombinieren mit dem Aigen-Trail!

Start: Göflan in Schlanders; 23,5 km, 1148 Hm, S0–S1.

Barbarossa-Trail

Ein Highlight für Freerider ist dieser anspruchsvolle Trail, der im Frühjahr 2019 eröffnet wurde. Wer nicht hinauftreten will, fährt mit dem Sessellift auf die Tarscher Alm, dann geht es durch den Wald und auf abwechslungsreichen Kurven talabwärts. Teilweise »Share the trail«.

Start: Latsch oder Talstation Sessellift Tarscher Alm; 4,5 km, 600 Hm, S1–S2

Etschradroute

Der gemütliche Talradweg entlang der antiken Römerstraße »Via Claudia Augusta« zieht sich vom Reschensee durch den gesamten Vinschgau bis nach Meran. Wer mag, kann weitertreten in Richtung Südtirols Süden. Landschaftlich abwechslungsreiche Route, für die ganze Familie geeignet. Entlang des Radwegs gibt es mehrere Bike- und E-Bike-Verleihstationen, die Vorteilskarte »bikemobil-Card« beinhaltet einen Radverleih und die öffentlichen Verkehrsmittel.

Start: Reschensee 80 km, leicht

Vinschgau Bike School

»100 % Bike Passion« steht am Logo – zu Recht: Matze Gruber war mittendrin, als 2011 die erste Version des Holy-Hansen-Trails gebaut wurde. Der Bike-Profi führt seit Jahren eine erfolgreiche Bike-Schule in Latsch. Am Montag wird die Fahrtechnik trainiert, die restliche Woche gibt es geführte Touren, je nach Jahreszeit und Level, und am Freitag eine herrliche »Sundowner«-Tour.

Vinschgaustraße 3,
Goldrain-Latsch
vinschgaubike.com

Ötzi Bike Academy

Das Bikecenter in Naturns ist eines der ältesten und renommiertesten im Vinschgau: Ob geführte Touren für Profis oder Genießer, Kurse zum Verbessern der Fahrtechnik für Anfänger und Fortgeschrittene oder wenn Sie einfach ein Rad oder E-Bike ausleihen möchten, das sind echte Radexperten.

Hauptstraße 25,
Naturns
oetzi-bike-academy.com

Der Schaukler von St. Prokulus

In Naturns steht inmitten von Apfelbäumen ganz unauffällig und einsam die ⑲ *St.-Prokulus-Kirche*. Der einzigartige Kunstschatz, der sich im Inneren der Kirche verbirgt, gibt den Forschern seit über hundert Jahren immer wieder neue Rätsel auf.

Das St.-Prokulus-Kirchlein liegt idyllisch etwas außerhalb von Naturns. Archäologischen Ausgrabungen zufolge führte direkt vor dem ursprünglichen Holzbau die »Via Claudia Augusta« vorbei. Belegt ist, dass der Friedhof hier im 17. Jahrhundert als Pestfriedhof genutzt wurde. Die Funde und Spannendes rund um die Kirche sind im »Prokulus Museum« nebenan zu sehen.

Der Engel an der rechten Seite der Triumphbogenwand wurde vermutlich nach der Vorlage des Engels auf der linken Seite gemacht, allerdings glückte er dem Maler nicht ganz so gut – die Arme scheinen rechts aus dem Rumpf zu kommen.

19 St.-Prokulus-Kirche

Am östlichen Dorfende von Naturns steht dieses kleine Kirchlein, das auf den ersten Blick so wirkt, als wäre es gänzlich in der Romanik entstanden. Dabei ist an der St.-Prokulus-Kirche eigentlich nur der Turm mit den typischen Doppelbogenfenstern und dem gemauerten Spitzhelmdach romanisch, er wurde um 1185 angebaut. Die Kirche selbst ist älter, neuen Forschungsergebnissen zufolge wurde sie entweder Ende des 9. Jahrhunderts oder im 10. Jahrhundert errichtet. Der Auftraggeber dieses Wegheiligtums war wahrscheinlich ein adeliger Grundherr.

Die Innenausstattung der Kirche erfolgte etwas später. Sie ist das wahre Highlight von St. Prokulus – und wurde im Jahr 1912 nur zufällig entdeckt, als sich ein Stück Verputz von der Wand löste. Über der ersten Freskenausstattung lag nämlich eine Schicht hochgotischer Fresken, die im 14. Jahrhundert in mehreren Phasen entstanden, nachdem die Kirche aufgehöht worden war. Und darüber lagen wiederum mehrere Schichten Tünche. Als die Restauratoren 1923 schließlich die unterste Malschicht freilegten, wurde schnell klar, dass es sich um einen Sensationsfund handelt: Im gesamten deutschen Sprachraum gab es keine Vergleiche zu diesen Malereien, bis heute wurde kein derartiger Freskenzyklus gefunden. Die Wandmalereien von St. Prokulus warfen viele Fragen auf: Wie alt sind diese Fresken tatsächlich? Was bedeuten sie, und wer hat sie gemalt? Nahezu sämtliche kunsthistorische Institute der europäischen Universitäten haben sich mit diesen Fragen auseinandergesetzt und die Kirche sowie die archäologischen Funde unter und rund um die Kirche ausgiebig untersucht. Um die Fresken von St. Prokulus zeitlich einordnen zu können, wurden Vergleiche mit der Buchmalerei gezogen: Die gleiche Zeichentechnik findet man etwa im berühmten iroschottischen Evangeliar »Book of Kells« oder dem »Cutbercht«-Evangeliar aus Salzburg.

Lange gingen die Wissenschaftler dementsprechend davon aus, dass die Fresken zwischen 720 und 770 n. Chr. entstanden, vor der Regierungszeit Karls des Großen Nach jüngsten wissenschaftlichen Erkenntnissen können die Malereien allerdings auf frühestens 965 n. Chr., also ins 10. Jahrhundert, datiert werden. Ein einzigartig origineller Zeitzeuge und ein weiterhin geheimnisvoller Kunstschatz sind die Fresken von St. Prokulus in jedem Fall.

Die bekannteste Darstellung ist zweifelsohne »der Heilige auf der Schaukel«, der sich als narratives Zwischenteil in die Prozessionsgruppen an der Südwand schiebt: Laut Forschern könnte es sich um die Flucht des heiligen Paulus aus Damaskus handeln, da bestimmte Elemente wie das pagodenartige Türmchen und die Kopfbedeckungen sehr orientalisch anmuten. Es könnte aber auch der heilige Prokulus sein, der in der Zeit der Christenverfolgung Anfang des

Eine Rinderherde in einem christlichen Sakralbau? Das gibt es sonst nirgends – welcher Gedanke stand hinter dieser Szene? Das Bild der Kühe mit dem Leithund an der Westwand bleibt ein Rätsel für die Wissenschaft.

4. Jahrhunderts Bischof in Verona war und aus der Stadt flüchten musste.

Am Mäanderband darüber ist deutlich erkennbar, wie niedrig die Kirche vor der Aufstockung war. Die starken Veränderungen des Kirchenbaus im 14. Jahrhundert gehen teilweise auf die Kartause Allerengelberg in Schnals, teils auf die Annenberger Adeligen zurück. Letztere machten die Kirche 1365 auch zu ihrer Grabstätte, der weiße Grabstein aus Laaser Marmor →S. 82 in der Kirche weist noch darauf hin.

Oberhalb der Bänder sind heute noch die gotischen Fresken sichtbar, etwa die Darstellung des Letzten Abendmahls an der Südseite oder das Leben der Heiligen Drei Könige von der Kindheit bis ins Greisenalter an der Nordwand. Da die erste Ausmalung unterhalb der Bänder im 14. Jahrhundert nicht mehr als modern galt, wurde sie kurzerhand im gotischen Stil übermalt.

Die gotischen Bilder im unteren Bereich konnten mittels Strappo-Verfahren erfolgreich abgenommen werden und sind jetzt nebenan im »Prokulus Museum« zu sehen. Das unterirdische Museum beherbergt die archäologischen Funde aus dem Innenraum und der Umgebung von St. Prokulus und zeigt die Entwicklung des Kirchleins im Laufe der Zeit.

KULTURSTÄTTE

(19) St.-Prokulus-Kirche und Prokulus Museum

St.-Prokulus-Straße 1a, Naturns
prokulus.org

ERLEBEN

Partschinser Wasserfall

Der größte Wasserfall Südtirols ist ein Naturschauspiel: Aus fast 100 Meter Höhe stürzen die Wassermassen über einen Felsvorsprung hinunter, im Frühjahr während der Schneeschmelze sogar bis zu 10.000 Liter pro Sekunde. Am Partschinser Wasserfall gibt es ein ganz eigenes Mikroklima, das den Atemwegen guttut. Schöne Familienwanderung!

Start: Dorfzentrum Partschins oder Tal- bzw. Bergstation Texelbahn

partschins.com

Burghügel Juval

Das mittelalterliche Schloss Juval auf dem Hügel am Eingang ins Schnalstal ist seit 1983 im Besitz der Bergsteigerlegende Reinhold Messner und dessen Sommerwohnsitz. Hier entstand das erste der mittlerweile sechs »Messner Mountain Museen«. Das »MMM Juval« widmet sich der religiösen Dimension der Berge. Spannend: Am Burghügel folgt alles einem Gesamtkonzept von Messner, neben dem Museum und einem Bergtierpark gibt es den Biohof »Oberortl«, das Weingut »Unterortl« und den **»Schlosswirt«.** Wer im Schlosswirt einkehrt, genießt vorwiegend Produkte dieser zwei Höfe und regionale Küche. Nicht verpassen: die »Juvaler Schneemilch«, ein typisches Vinschger Dessert.

Messner Mountain Museum Juval
Juval, Kastelbell
messner-mountain-museum.it

Auf Ötzis Spuren

Im großzügigen Freilichtgelände des »ArcheoParc Schnalstal« können Sie auf spielerische Weise erkunden, wie der berühmte »Ötzi« einst lebte. Die über 5000 Jahre alte Gletschermumie wurde 1991 zufällig am Tisenjoch auf 3210 m Meereshöhe entdeckt. Sie ist heute im »Südtiroler Archäologiemuseum« in Bozen zu bestaunen.

Unser Frau 163, Schnals
archeoparc.it

ESSEN & TRINKEN

Hanswirt

Wer an der Vinschger Straße durch Rabland kommt, sollte beim Hanswirt einkehren: Das historische Gasthaus wurde 1357 das erste Mal urkundlich erwähnt, der hier entdeckte römische Meilenstein von 46 v. Chr. zeigt, dass unweit vom Haus die Römerstraße »Via Claudia Augusta« vorbeiführte. Wunderschöne Gewölbe und Holzböden erzählen die bewegte Geschichte des Hauses: Familie Laimer führt das Gasthaus seit dem 16. Jahrhundert und hat alles stilvoll renovieren lassen – sogar die alte Fuhrmannsküche ist noch zu bestaunen. Als Mitglied der Vereinigung »Südtiroler Gasthaus« wird auch hier regionale Kost mit besten, saisonalen Zutaten neu interpretiert. Manches stammt vom hoteleigenen Biobauernhof.

Geroldplatz 3, Rabland/Partschins
hanswirt.com

EINKAUFEN

Vinschger Bauernladen

Direkt am Fuße von Juval liegt der Vinschger Bauernladen, in dem ausschließlich regionale Produkte direkt von Bauernhöfen oder landwirtschaftlichen Genossenschaften des Tals verkauft werden.

Staatsstraße 78, Naturns
bauernladen.it

Die Kulturvermittler von St. Prokulus

Seit über 30 Jahren betreut das Naturnser Ehepaar Maria und Heinrich Koch die St.-Prokulus-Kirche. In den Führungen erzählen sie mit viel Detailwissen und Humor allerhand über Geschichte, Fresken und Forschung.

Was ist das Besondere an St. Prokulus?
Heinrich Koch: Das ist eine ganz unscheinbare Kirche, und trotzdem ist sie von unschätzbarem Wert für die Kunst- und Kulturgeschichte, nicht zuletzt für die Religionsgeschichte. Manche Wissenschaftler sagen, dass es ein ganz großer Zufall ist – ja fast ein Wunder –, dass sich der Mörtel mit den Farben über 1000 Jahre lang an der Mauer gehalten hat, der müsste eigentlich schon längst abgebröckelt sein. Das ist schon eine einmalige Sache! Wir betreuen die Kirche jetzt schon lange, ich war aber auch schon als Kind hier – das ist einfach ein Platz, der einen anzieht. Sprachwissenschaftler vermuten, dass der Name der Ortschaft Naturns von ***nocturnis, notte,*** also Nacht, kommen könnte. Es könnte hier also eine Übernachtungs- und Pferdewechselstation gewesen sein. Man weiß es aber nicht genau, denn Dokumente oder Quellen aus jener Zeit gibt es nicht.

Sie sind fast jeden Tag hier: Was ist für Sie das Spannendste an den Fresken?
H. K.: Ich finde es besonders beeindruckend, dass die ersten Christen wohl einen unheimlichen Weitblick gehabt haben und sehr großzügig im Denken gewesen sein müssen. Sie haben vorchristliche Kultur zum Teil mit der christlichen vereint. Besonders gut sieht man das in der St.-Prokulus-Kirche an den zwei Bändern: Das Mäanderband kommt aus der asiatisch-byzantinischen Kultur, und das Flechtband vorne am Triumphbogen ist von der europäisch-keltischen Kultur. Für uns heute sind sie schön anzuschauen, die Bänder haben aber eine ganz wichtige Bedeutung gehabt, nämlich als Schutz vor dem Bösen. Die Leute haben das damals einfach übernommen und so die Kulturen zusammengeführt.

Die Fresken enthalten also versteckte Botschaften?
H. K.: Ich glaube, die Maler vor über 1000 Jahren wollten mit jedem einzelnen Strich etwas Bestimmtes sagen. Für uns heute ist das schwer zu interpretieren, da wir nicht mehr so gut von Bildern ablesen können – ich sage immer, wir hätten nie lesen und schreiben lernen sollen (lacht)! Aber damals wussten die Leute, dass jedes kleinste Bild eine Bedeutung hat. Die Symbolik der Fresken ist gewaltig: An der Westseite der Kirche ist eine ganze Mauer voller Kühe dargestellt, das gibt es in keiner anderen Kirche. Da sind keine Heiligen, kein Kreuz, keine Engel – sondern Kühe! Aber die waren im Leben der Leute hier wichtig: Prokulus war ein Viehpatron und Beschützer der Haustiere, da hat man ihm eine ganze Herde Kühe gezeichnet. Das ist so menschlich, nicht? Aber der Maler wollte wohl noch vieles dazusagen: Es sind zwölf Kühe dargestellt. Die Zahl zwölf ist in der christlichen Zahlensymbolik von großer Bedeutung. Außerdem ist die Herde farblich mit Gelb, Schwarz und Rot in

Egal, wie oft Heinrich Koch die Tür der St.-Prokulus-Kirche in Naturns schon aufgesperrt hat: Er freut sich immer wieder über die zahlreichen Meinungen und Interpretationsmöglichkeiten.

vier Dreiergruppen unterteilt, und die Herde wird von einem Hund angeführt. Es wurden schon dicke Bücher nur über dieses Vieh geschrieben. Haben Sie gesehen, dass die letzten Kühe sogar ein bisschen lächeln?

Das klingt nach viel Raum für Interpretation …

H. K.: Genau, das sind natürlich alles nur Interpretationen – was der Mensch damals dachte, wissen wir nicht. Aber ich bin überzeugt, dass er viel tiefgründiger dachte, als wir heute glauben. Wir müssen vorsichtig sein in den Deutungen – aber wir dürfen im Kopf ein bisschen spielen, auch die Forscher. Das gefällt mir besonders gut, da hier jeden Tag viele kulturinteressierte Leute, neugierige Wanderer und Familien kommen, da gibt es einen wunderbaren Gedankenaustausch. Vor allem lernt man, andere Meinungen zu respektieren, denn wir haben keine schriftlichen Dokumente aus jener Zeit – da gibt es eigentlich nur die Interpretation!

In der Wiege Tirols

Auf einem steil abfallenden Hügel nordwestlich von Meran thront ⑳ *Schloss Tirol:* Im Mittelalter war es die prächtige Stammburg der Tiroler Grafen und lange das Zentrum des Landes Tirol. Im 19. Jahrhundert galt die Burgruine als Lieblingsmotiv der Maler, danach verwandelte sich die Passerstadt Meran in den gefragtesten Kurort des europäischen Adels.

20 Schloss Tirol

In beeindruckender Größe schaut die namensgebende Stammburg des Landes Tirol von einem eiszeitlichen Schütthügel auf das Meraner Becken hinunter – und auch wenn Burgen durchaus zum typischen Bild der Südtiroler Landschaft gehören, ist zu sagen:

Schloss Tirol ist zweifelsohne das bedeutendste Burgendenkmal des Landes. Für die Tiroler war die Burg lange auch ein identitätsstiftendes »Heiligtum« und galt als Sinnbild der Einheit Tirols.

Heute beherbergt Schloss Tirol das ansprechend gestaltete »Landesmuseum für Kultur- und Landesgeschichte« und bietet zudem einen wunderbaren Blick auf Meran und Umgebung. Der Hügel war aufgrund des Weitblicks und somit der strategischen Lage schon zu Urzeiten besiedelt. Südlich der Burg wurden Reste eines römischen Profanbaus gefunden, vermutlich Teil eines spätantiken »Castrums« (lat. befestigter Ort) an der Grenze zwischen den römischen Provinzen »Raetia Prima« und »Raetia Secunda« sowie eine frühmittelalterliche Saalkirche. Über diesen Hügel führte der Weg aus dem Vinschgau zum »Castrum Maiense« im heutigen Meran, von dort ging es ins Passeiertal und nach Bozen.

Die heutige Burganlage ist eines der am besten erforschten Gebäude des Landes. Sie entstand in mindestens 30 Bauphasen. Spätmittelalterlichen Quellen zufolge entwickelte sich hier *eine erste Burganlage mit einer gewaltigen Ringmauer im ausgehenden 11. Jahrhundert,* als Kaiser Heinrich IV. die »Grafschaft an Eisack und Etsch« an die bayerischen Grafen von Eurasburg übergibt. Sie erhalten Herrschaftsrechte im Vinschgau und werden Vögte des Bistums Trient. Auf dem unfertigen Bau ihrer Vorfahren errichten schließlich Albert und Berthold ab 1125 eine Burg im Stil der königlichen Pfalzarchitektur, mit einer größeren Kapelle, einem Palas, einem mächtigen Turm im Norden und dem zweistöckigen Mushaus – benannt nach der Tiroler Speise »Muas«, denn hier war der Speisesaal untergebracht. Die Burg wird die Stammburg der Grafen von Tirol, die erstmals 1141 als solche dokumentiert sind.

Zwischen Macht und Erlösung

Besonders sehenswert aus der Bauphase im 12. Jahrhundert sind die romanischen Marmorportale: Nehmen Sie sich etwas Zeit, die vielschichtige Bilderwelt am Palasportal und am Kapellenportal zu entdecken. Denn die Eingänge sind nicht nur dekorative Elemente, sondern haben eine starke symbolische Kraft. Die in Stein gehauenen Tierfiguren, Fabelwesen und Ornamente beziehen sich auf antike Mythologie und Volksglauben und zeigen gemeinsam mit biblischen Szenen die Essenz der mittelalterlichen Vorstellungen als steinernes Bilderbuch.

Wer durch das Kapellenportal schreitet, wird erlöst, so die mittelalterliche Vorstellung. Unter der Kreuzabnahme am Tympanon weisen die verschiedenen Szenen auf das Jüngste Gericht und die Erlösung. Sie offenbaren aber auch viel Witz und künstlerische Fantasie, etwa die übergroße Zange bei der Kreuzigung oder der Kentaur, der in Richtung Jesus schießt.

Die St.-Pankratius-Kapelle wurde um 1330 mit gotischen Fresken ausgemalt und ist heute der kostbarste Teil des Schlosses. Der gotische Altar im oberen Bereich ist eine Kopie der Grödner Kunsthandwerker-Vereinigung UNIKA. Das wertvolle Original, der älteste Flügelaltar des Alpenraums, steht im Tiroler Landesmuseum Ferdinandeum in Innsbruck.

Der Ausblick vom Rittersaal auf das Meraner Becken ist beeindruckend – ebenso wie die prächtigen Plastiken an den Steinkapitellen der großen Kuppelfenster. Sie sind rund 600 Jahre später entstanden und ein herausragendes Beispiel neoromanischer Steinmetzkunst in Tirol.

Geheimnisvolle Pforten, knarzende Holzböden: Beim Rundgang durch die geschichtsträchtigen Mauern von Schloss Tirol erfahren Besucher einiges über die Region.

Unter den Bäumen im Innenhof des Schlosses ist es im Sommer schön kühl. Wie war hier wohl das Leben im Mittelalter?

Die beiden Marmorportale von Schloss Tirol entstanden großteils um 1140 und sind die prächtigsten mittelalterlichen Bauplastiken des Landes. Sie sind die bedeutendsten Werke romanischer Steinmetzkunst.

Lange ging die Forschung davon aus, dass die Portale als einheitliches Werk geschaffen wurden, im Zuge des Burgenbaus. In den 1990er Jahren fiel den Bauforschern aber auf, dass die Portale stilistisch nicht aus einem Guss sind und vermutlich in zwei Phasen entstanden. Das Kapellenportal ist aus Sterzinger Marmor, das Palasportal aus verschiedenen Sorten des Laaser Marmor → S. 82, was sich dadurch erklären lässt, dass für Steinmetzarbeiten damals Findlinge aus dem Geröll oder Bachbett verwendet wurden. Außerdem stammen die Werkstücke von verschiedenen Bildhauern. In den Anfängen des Mittelalters war das Etschtal zwischen Töll und dem Bozner Talkessel kulturell nach Süden orientiert, das zeigt sich auch in der Kunst: Die Steinmetzen stammten vermutlich aus der Lombardei und kamen über Bormio (Wormser Joch) in den Vinschgau, wo sie sich in der Nähe der Steinvorkommen in Laas niederließen. Diese Werkstätten waren auch am Bau der *Pfarrkirche St. Johannes in Laas* → S. 84 beteiligt und schufen die figuralen Köpfe am Portal der Stiftskirche von *Kloster Marienberg* → S. 30. Einige Figuren an den Portalen von Schloss Tirol weisen starke Ähnlichkeiten mit Werken im Raum des Comer Sees auf.

Ungewöhnlich für die Gegend ist auch das Konzept: Die Portale sind auf den heiligsten Raum der Grafenresidenz bezogen, die Kapelle. Während das Palasportal als »Paradiesportal« in die Vorhalle führt, steht das Kapellenportal für Erlösung. Könnte es sein, dass sich der Auftraggeber Albert II. von Tirol hier etwas von den Machtzentren der Lombarden abgeschaut hat, etwa als er im Gefolge des Stauferkaisers Friedrich Barbarossa bei dessen Krönung 1155 in San Michele Maggiore in Pavia war?

In den Darstellungen verschränken sich die *Symbole weltlicher und geistlicher Macht.* Das ist besonders gut am Palasportal zu sehen: So stehen Widder und Löwe für weltliche Macht, der Hirsch ist das Symbol Christi. Im Torborgen kündet der Erzengel Gabriel die Kapelle schon an. Mit seiner Position im Tympanon (Bogenfeld des Portals) steht er im Dreieck zu den beiden Menschenpaaren, vermutlich die Stifterfiguren, rechts und links des Torbogens. Am Kapellenportal zeigt sich die in Stein gehauene romanische Weltanschauung: Die Kreuzabnahme steht dabei für die Erlösung und das Gute. *An den Seiten und im Torbogen wird die negativ besetzte Unterwelt als Gegenpol zum Göttlichen gezeigt,* etwa mit Bestien wie dem Kentauren, Drachen oder lasterhaften Affen. Es geht um die Schöpfung im Paradies, das Weltengericht und den Endkampf. In den Darstellungen siegt das Gute über das Böse, mit der Auferstehung Christi.

Das Land Tirol entsteht

Im 12. Jahrhundert werden die Grafen von Tirol zunehmend wichtiger, sie sind neben dem Bischof von Trient, den Edelfreien von Matsch und den Grafen von Eppan die Machthaber im Etschtal.

Es ist eine gute Zeit für das Alpengebiet: Handel und Verkehr blühen im 12. Jahrhundert auf. Auch die Siedlung Meran unterhalb der Burg wächst, sie wird zur Landeshauptstadt der Tiroler, samt eigenem Gericht und einer Münzprägestätte. Die Weggebühren und Silbermünzen machen die Tiroler schnell reich. Albert III. von Tirol erweitert nicht nur die Burg, sondern vor allem sein Herrschaftsgebiet. Er erobert in der ersten Hälfte des 13. Jahrhunderts weite Teile des späteren Landes Tirol.

Das tut er vielfach auf Kosten der Bistümer Trient und Brixen, aber auch Chur, etwa als er auf Churer Territorium die Burg Obermontani oberhalb der *Burgkapelle St. Stephan* →S. 101 errichtet.

Als »Schöpfer des Landes Tirol« gilt aber sein Enkel Meinhard II., in seiner Zeit haben die Tiroler Grafen ihre Blüte. Er führt ein modernes Rechtssystem ein und entmachtet den Adel. Im Laufe der Jahre erhält die Burg das Aussehen einer fürstlichen Residenz, so werden etwa der Palas und die Kapelle erhöht und ein eindrucksvoller Wohntrakt entsteht. Meinhards Nachfahrin Margarete von Tirol verteidigt die Burg noch 1347 gegen Karl von Luxemburg. Nachdem ihr einziger verbliebener Sohn eines mysteriösen Todes stirbt, *schenkt sie Tirol 1363 dem Habsburger Herzog Rudolf IV.* Es dauert nicht lange, bis die inzwischen habsburgischen Schlossherren nach Innsbruck übersiedeln. Ab 1420 verliert Schloss Tirol an Bedeutung, mittlerweile ist die Brennerroute wichtiger. Die Burg gelangt in Privatbesitz und zerfällt, Teile davon rutschen durch Erosion in den »Köstengraben« ab. Nur die Burgkapelle ist im Barock noch erhalten, denn hier war die Seelenmesse der Tiroler Grafen zu lesen. Mit der Burg fällt auch die Stadt Meran in einen jahrhundertelangen Dornröschenschlaf.

Weltkurort Meran

1816 schenkte die Stadt Meran die Burgruine an Kaiser Franz I. Die Restaurierung erfolgte aber erst zwischen 1882 und 1914 und war anfangs *geprägt von Historismus im Sinne der Denkmalpflege und der wachsenden Bedeutung der Burg als »Nationalheiligtum« der Tiroler.* Sie spielte auch eine Rolle für den wachsenden Tourismus der Passerstadt Meran, die sich ab der Mitte des 19. Jahrhunderts als Kurort zu einer der ersten Touristenhochburgen des Habsburgerreichs entwickelte. *Schloss Tirol wurde hingegen in der Romantik in zahlreichen Aquarellen und Grafiken dargestellt,* die Künstler lesen sich wie das »Who's who« des 19. Jahrhunderts. Das gilt auch für die Gäste des »Weltkurorts«

Meran: Bei der europäischen Aristokratie und den Gutbürgerlichen war die Stadt beliebt, Ärzte empfahlen den Kurort mit seinem milden Klima und der reinen Luft insbesondere bei Lungenleiden. Spätestens nachdem die österreichische Kaiserin Sisi 1870 das erste Mal den Winter auf Schloss Trauttmansdorff bei Meran verbringt, steigt die Stadt zum Nobelkurort auf. Die Blüte Merans wird aber bald durch den ersten Weltkrieg zunichtegemacht. Heute strahlt sie wieder: Sie können in der Therme Meran »kuren« und entspannen, an der Sommerpromenade in Meran Sisis Statue entdecken und an der Passer entlangspazieren wie einst die durchlauchten Kurgäste.

Vom Tappeinerweg gibt es eine herrliche Aussicht auf die Texelgruppe, das Etschtal und die Stadt Meran. Die Promenade wurde Ende des 19. Jahrhunderts vom Kurarzt und Botaniker Franz Tappeiner gestiftet, als Spazierweg für die Kurgäste.

KULTURSTÄTTE

(20) Schloss Tirol

Neben der Dauerausstellung im Schlossmuseum und im »Turm der Erinnerungen« gibt es auf Schloss Tirol auch wechselnde Themenausstellungen und einen Museumsshop mit Café. Auch die diversen Veranstaltungen wie das »Mittelalterfest« (August), die Schlossfestspiele und »Soireen« im historischen Rittersaal im Sommer oder der »Tiroler Schlossadvent« in den historischen Mauern sind ein besonderes Erlebnis.

Schlossweg 24,
Dorf Tirol
schlosstirol.it

ERLEBEN

Gufy Land

Ein Highlight für Familien ist die Flugvogelschau auf Schloss Tirol. Das private »Pflegezentrum für Vogelfauna Gufy Land« veranstaltet tägliche Flugvorführungen, in denen Groß und Klein allerhand über die beeindruckenden Wildtiere lernen können.

Schlossweg 25,
Dorf Tirol
gufyland.com

Botanische Gärten von Schloss Trauttmansdorff

Die Gartenwelten von Schloss Trauttmansdorff zählen zu den schönsten Grünanlagen der Welt. Hier residierte Kaiserin »Sisi«, als sie in Meran auf Kur war – damals gab es die heutige Gartenanlage noch nicht, auf ihrem Lieblingsplatz unter einem großen Kastanienbaum steht heute aber eine Bank aus Laaser Marmor in Erinnerung an den prominenten Gast. Im Schlossgebäude ist das »Touriseum« untergebracht. Spannend und mit interaktiven Elementen wird hier erzählt, wie sich der Tourismus in den Alpen entwickelt hat. Lustig: das »Südtirol-Spiel«, von Grödner Holzschnitzern gefertigt und der wohl größte Flipperautomat der Welt.

St.-Valentin-Straße 51a,
Meran
trauttmansdorff.it

Therme Meran

Nach einem Stadtbummel durch die mittelalterlichen Lauben und entlang der Stadtpromenaden von Meran lässt es sich in der Therme mitten im Stadtzentrum gut erholen. Der zeitgenössische Kubus wurde von Stararchitekt Matteo Thun entworfen und steht genau gegenüber vom Kurhaus, dem Wahrzeichen der Passerstadt. Die Therme bietet rund 25 verschiedene Innen- und Außenbecken, einen Sauna- und Spabereich und eine großzügige Parkanlage zum Sonnetanken. Tipp: im Whirlpool auf der Panoramaterrasse sitzen und den Rundumblick auf die umliegenden Berge und die Altstadt genießen.

Thermenplatz 9, Meran
termemerano.it

Infos zu Meran unter:
merano-suedtirol.it

Infos zu Dorf Tirol unter:
dorf-tirol.it

Meraner Höhenweg

Er ist der wohl bekannteste Höhenweg der Alpen, und das hat seinen Grund: Auf den rund 100 Kilometern geht es aussichtsreich durch den Naturpark Texelgruppe. Während der südliche Abschnitt vom Passeiertal ins Schnalstal noch mediterran anmutet, verläuft der nördliche Teil teils in hochalpinem Gelände. An manchen Stellen ist Trittsicherheit gefragt. Die fünf bis bis acht Tagesetappen führen als abwechslungsreiche Hüttenwanderung vorbei an Bauernhöfen und durch unberührte Natur, an der Bergstation Hochmuth wurde kürzlich eine neue Panoramaplattform errichtet. Die Etappen des Weitwanderwegs können auch als Tageswanderung begangen werden, es gibt zahlreiche Ab- und Einstiege entlang der Route. Eine anspruchsvolle, aber sehr lohnende Variante der 1. Etappe führt über die malerischen Spronser Seen.

meranerhoehenweg.com

ESSEN & TRINKEN

Pizzeria »La Smorfia«

Das Restaurant liegt etwa 10 Minuten fußläufig vom Stadtzentrum von Meran, aber hier ist immer etwas los: Hier gibt es italienische Küche mit Stil. Vor allem die Pizzas mit ihrem fluffigen Boden, ganz nach neapolitanischer Art, sind zu empfehlen: Sie können dem »Pizzaiolo« sogar zusehen, wie er die köstlichen Fladen in den Steinofen schiebt. Allerdings wird es in der Gaststube manchmal sehr heiß, bei den mediterranen Temperaturen von Meran kann man aber meist von April bis Oktober draußen im Garten sitzen.

Goethestraße 28, Meran
lasmorfiamerano.com

Eisdiele Sabine

Etwas versteckt liegt die Eisdiele der Familie Munaretto hinter der Meraner Therme, doch hier gibt es das beste Eis der Stadt: Großvater Antonio Munaretto gilt als »Urgestein der Eishersteller« im Land, er kam vor mehr als 40 Jahren nach Dorf Tirol und zeigte immer wieder Interessierten in Südtirol und in aller Welt, wie man richtiges Speiseeis macht – darunter auch Starkoch Schuhbeck, Sebastian Vettel oder Fidel und Raúl Castro. Kein Wunder: Die Heimat der Munarettos, das Val di Cadore im Belluno, ist berühmt für seine »Gelatieri«, die Eismacher. Das schmeckt man: In den Eiskugeln der »Eisdiele Sabine« in Meran und Dorf Tirol stecken nur frische, oft regionale Zutaten, das Eis wird jeden Morgen frisch zubereitet.

Garibaldistraße 19/21, Meran
Hauptstraße 23/G, Dorf Tirol

EINKAUFEN

PUR Südtirol

In diesem Genussmarkt finden Sie ausschließlich ausgewählte Produkte von über 170 Südtiroler Bauern und Manufakturen, von Lebensmitteln wie Speck, Käse, Bergkräutern oder Wein über Naturkosmetik bis hin zu Designobjekten für die Küche aus der PUR Manufaktur. Das dazugehörige Bistro & Winebar bietet kleine Speisen wie auch eine »Brettlmarende« an. Das Geschäft gibt es übrigens auch in Lana, Bozen, Brixen und Bruneck!

Freiheitsstraße 35, Meran
pursuedtirol.com

So romantisch ist die Romanik

Ja, wir wollen: Und zwar zu diesen Plätzen, wo sich idyllisch gelegene Bergkirchen wie die ㉑ *St.-Kathrein-Kirche* in Hafling, die ㉒ *St.-Margareth-Kirche* in Lana oder die ㉓ *St.-Jakob-Kirche* in Grissian mit dem traumhaften Panoramablick auf die Südtiroler Landschaft vereinen.

Gute Aussichten

Warum haben eigentlich die kleinen Bergkirchen ein so besonderes Flair? Vielleicht haben Sie sich das bei Ihrer Entdeckungsreise entlang der »Alpinen Straße der Romanik« auch schon gefragt. Kleine Bergkuppen und Anhöhen hatten offensichtlich schon immer eine schier magische Wirkung auf den Menschen – an vielen der Plätze, wo heute Kirchlein stehen, waren bereits vor Urzeiten kleine Siedlungen oder prähistorische Kultplätze. Einerseits ist das wohl damit zu begründen, dass es sich um strategische Positionen handelte, denn so konnte ein Eindringling möglichst früh gesichtet werden. Andererseits fühlte man sich dem Göttlichen auf den Hügelplätzen wohl näher und die Kultfeuer waren von weitum sichtbar. Manch einer dieser Hügel gilt unter den Einheimischen noch heute als energiespendender Kraftplatz. Welche archaische Ausstrahlung diese Orte in der Höhe haben, können Sie beim uralten Ritual »Scheibenschlagen« →S. 55 erleben.

Eines ist sicher: Die Aussicht von diesen Berg- und Hügelkirchlein auf die umliegende Südtiroler Bergwelt ist damals wie heute atemberaubend. Und: Nein! Es ist keineswegs kitschig, diesen Panoramablick in vollen Zügen und sogar bei Sonnenuntergang zu genießen – ganz egal, ob Sie Single sind, frisch verliebt oder schon seit vielen Jahren verheiratet.

Falls die Hochzeit noch ansteht und Sie einen besonderen Ort für Ihren großen Tag suchen: In Südtirol können Sie sich an außergewöhnlichen Orten wie mittelalterlichen Burgen, urigen Bauernhöfen oder einsamen Bergkirchen auch als Urlaubsgast das Jawort geben. Etwa in der malerisch gelegenen *St.-Kathrein-Kirche* oberhalb von Meran. Dort könnte das Szenario dann so aussehen: Die Braut sitzt mit ihrem weißen, wallenden Kleid in einer Kutsche, die von feierlich geschmückten Haflingerpferden über die sanften Hügel in Richtung des Kirchleins gezogen wird, wo der Prinz … ähm … Bräutigam wartet. Klingt doch so, wie Sie sich das schon als Kind vorgestellt haben, oder? Und für die Flitterwochen können Sie natürlich gleich in Südtirol bleiben.

Haflingerpferde

Der Begründer der Pferderasse »Haflinger« war eigentlich ein Obervinschger – nämlich das Hengstfohlen »249 FOLIE«. Es wurde 1874 beim Züchter Josef Folie in Schluderns geboren, als Ergebnis eines orientalischen Hengstes und einer galizischen Landstute. Die Haflinger mit ihrer goldenen Mähne entstanden einst als Saum- und Arbeitspferd und waren besonders bei den Bauern auf dem Tschögglberg und im dortigen Dorf Hafling gefragt. Wohl deshalb bürgerte sich der Name »Haflinger« für die robusten und wendigen Gebirgspferde ein. Offiziell ist die Rassebezeichnung »Haflinger« jedoch erst seit dem Erlass des k. k. Ackerbauministeriums vom 2. Mai 1898. Die verlässlichen Kleinpferde werden mittlerweile in ganz Südtirol und weit darüber hinaus gezüchtet und sind heute nicht nur ein beliebtes Familien- und Freizeitpferd, sondern auch ein Teil der Südtiroler Tradition.

21 St.-Kathrein-Kirche

Dieses kleine Kirchlein im Bergdorf Hafling ist ein beliebtes Ausflugsziel und Fotomotiv und hat sich die Bezeichnung »Logenplatz« wahrlich verdient: Die St.-Kathrein-Kirche liegt auf einem Sattel am Tschögglberger Hochplateau, weshalb es von den Einheimischen auch »St. Kathrein in der Scharte« genannt wird. Warum die malerische Gegend hier auch als Sonnenterasse Merans bezeichnet wird, werden Sie sofort verstehen: Von der Eingangsseite der Kirche im Westen gibt es eine herrliche Panoramasicht über den gesamten Meraner Talkessel, das Etschtal und auf die gegenüberliegenden Bergspitzen der Texelgruppe.

Wo heute die Kirche steht, war lange davor schon ein heidnischer Kultplatz. Später stand hier eine kleine Vorgängerkirche, die 1202 abbrannte. Bald darauf wurde eine neue Kirche im romanischen Stil erbaut und im Jahr 1251 vom Bischof Egon von Trient der Kirchenpatronin Katharina von Alexandrien geweiht. Aber bevor Sie in die Kirche hineingehen: Ist Ihnen der große Stein davor aufgefallen? Der liegt nicht zufällig hier ...

Der Legende zufolge soll St. Kathrein von einem Riesen erbaut worden sein: Sowohl in Hafling als auch auf Langfenn bei Mölten lebte einst ein Riese. Beide wurden zur gleichen Zeit von den jeweiligen Dorfbewohnern beauftragt, ein Kirchlein zu bauen. Aber die Riesen besaßen nur einen einzigen Hammer als Werkzeug. Notgedrungen einigten sie sich darauf, sich den Hammer abwechselnd über den Bergrücken des Tschögglbergs zuzuwerfen. Als der Riese von Hafling das eines Tages vergaß, wurde der Riese von Langfenn so wütend, dass er mit aller Kraft einen Felsblock nach dem Kirchlein in Hafling warf. Der Stein verfehlte knapp sein Ziel und liegt seither in der Sulfnerwiese unterhalb der Kirche.

Aus dieser Zeit des romanischen Kirchenbaus sind jedenfalls heute noch die regelmäßig geschichteten Wände des Langhauses (die an der Südmauer teilweise gut sichtbar sind und mancherorts tatsächlich erstaunlich große Steine zeigen) sowie die Flachdecke und ein kleines zugemauertes Rundbogenfenster. Über die Jahrhunderte erlebte die Kirche zahlreiche Veränderungen: Die Fresken in der Vorhalle zeigen Szenen aus dem Leben der heiligen Katharina und wurden im 14. oder zu Beginn des 15. Jahrhunderts gemalt. Mitte des 15. Jahrhunderts wurde die Kirche schließlich im gotischen Stil umgebaut. Dabei wurde die Apsis gotisch umgeformt, der Triumphbogen erhielt seine spitze Form, und der massive, viergeschossige Turm wurde errichtet. Die Flachdecke wurde erneuert und das Langhaus aufgestockt. Schließlich wurde die Kirche 1452 erneut geweiht.

Das romanische Eingangsportal des St.-Kathrein-Kirchleins ist aus rotem Sandstein und lag ursprünglich im Süden, zum Schutz der Fresken wurde es im Jahr 1891 an die Westseite verlegt.

Wer die Empore hochklettert, findet eine moderne sechsregistrige Orgel vor. Sie wurde im Jahr 2006 eingeweiht.

Ein kunsthistorisch wertvolles Element im Kircheninneren ist auch der *Flügelaltar aus dem 15. Jahrhundert,* mit Holzfiguren der Heiligen Katharina, Maria Magdalena und Johannes dem Täufer. Die Gemälde auf der Innenseite der Altarflügel zeigen rechts den heiligen Martin und links den heiligen Georg. Am Triumphbogen stehen außerdem zwei barocke Figuren, die den heiligen Florian und den heiligen Rochus darstellen.

22 St.-Margareth-Kirche

Auf einer kleinen Anhöhe in Lana, recht unscheinbar inmitten von Obstbäumen und am Hang in Richtung Gampenpass gelegen, steht die St.-Margareth-Kirche. *Die karolingische Dreiapsidenkirche entstand vermutlich im 9. Jahrhundert.* Der Legende nach soll sie im Jahr 981 von Kaiserin Theophanu, der Gemahlin von Otto II., gestiftet worden sein. Warum die Kaiserin sich genau das Passfußdorf Lana dafür ausgesucht hat? Nicht ohne Grund: Als Theophanu in ihrer Kutsche über die damals sehr steinige Passstraße vom Gampenpass hinunterfuhr, löste sich ein Rad, und die Kutsche kippte um. Wie durch ein Wunder blieb die Kaiserin unverletzt. Aus Dankbarkeit ließ sie diese Kirche bauen. Da Theophanu aus Byzanz stammte, wo Margareta von Antiochien sehr verehrt wurde, weihte man die Kirche der heiligen Margareth. Obwohl diese Gründungslegende nicht historisch belegt ist, liefert sie doch schon einen Hinweis auf die byzantinischen Einflüsse, die stilistisch in den Malereien in der Kirche zu finden sind.

Dokumentiert ist hingegen, dass die Kirche 1215 durch eine Schenkung von Kaiser Friedrich II. in den Besitz des Deutschen Ordens gelangte, fast gleichzeitig mit der *St.-Karpophorus-Kirche* →S. 108. In dieser Zeit entstand auch die eindrucksvolle Freskenausstattung in der St.-Margareth-Kirche, die heute teilweise noch in den drei Apsiden und am Triumphbogen erhalten ist.

Die Kirche wurde Anfang des 19. Jahrhunderts enteignet und profaniert und schließlich vom Deutschen Orden zurückgekauft. Der damalige Hochmeister Erzherzog Eugen ließ die Kirche daraufhin restaurieren. Dabei wurden das im 17. Jahrhundert eingezogene Tonnengewölbe entfernt und die flache Kassettendecke eingezogen, das steile Satteldach und die Apsidendächer errichtet sowie in historisierender Weise neuromanische Triforienfenster im Kirchenschiff hinzugefügt. *Im Zuge der Renovierung von 1896 wurden die romanischen Fresken von Restaurator Alfons Siber übermalt,* großteils folgte er dabei den vorhandenen Themen. Bei Restaurierungsarbeiten in den Jahren 1967/68 und 1983 wurden die Übermalungen entfernt und die neuromanischen Ergänzungen nur dort belassen, wo das darunterliegende romanische Originalbild nicht mehr vorhanden war.

Im Gewölbe der Mittelapsis ist die »Majestas Domini« mit den vier apokalyptischen Wesen dargestellt. Darunter findet sich die Parabel der klugen und törichten Jungfrauen, die ebenso wie in *St. Johann in Müstair* →S. 71 und in der *Burgkapelle von Hocheppan* →S. 146 als Hinweis auf das Weltengericht zu verstehen sind. In der linken Apsiskalotte sitzt die Madonna mit Kind.

Die Übermalung des Restaurators Siber in der St.-Margareth-Kirche ist heute gut von den romanischen Fresken zu unterscheiden, etwa an den Darstellungen der heiligen Maria und dem Erzengel Gabriel seitlich des Triumphbogens. Ein Siber-Original ist die Seccomalerei und die Inschrift an der Nordwand.

Von außen ist die Kirche unscheinbar, doch wer durch das gotische Spitzbogenportal im Westen in das Kircheninnere von St. Margareth tritt, wird von einer facettenreichen Freskenausstattung aus dem 13. Jahrhundert überrascht.

Die Parabel der klugen und törichten Jungfrauen steht in der romanischen Kunst für die Entscheidungsfreiheit des Menschen zwischen Gut und Böse. Nur die klugen Jungfrauen, bescheiden, mit sittsamer Kleidung und gut gefüllten Öllampen dargestellt, werden ins Paradies eingelassen.

Im Gewölbe der rechten Apsis ist die Kirchenpatronin Margareth dargestellt: Das ist in Südtirol einzigartig und für die romanische Malerei außergewöhnlich, denn die prominente, verherrlichende Platzierung in einer Apsiskalotte inklusive Engelsgarde war eigentlich Christus und Maria vorbehalten. Der vermutlich süddeutsche Maler wurde wohl von byzantinischen Ikonendarstellungen Mariens inspiriert. An den Wänden beider Seitenapsiden sind Szenen aus dem Leben der heiligen Margareth dargestellt, mit dem Schwerpunkt auf ihr Martyrium.

> Der romanische Freskenzyklus der Margaretenlegende in Lana ist der älteste Heiligenzyklus in Südtirol.

An der Triumphbogenwand über den Apsiden sitzen die Apostel. Ähnlich wie in der *Burgkapelle von Hocheppan* →S. 146 oder *St. Jakob in Kastelaz* →S. 151 ist auch in St. Margareth ein Bestiarium zu finden. Die kämpfenden Wesen der Unterwelt am romanischen Steinaltar der Mittelapsis sind hier aber nicht in das Gesamtprogramm eingebunden. Das inhaltliche Programm und der Stil verraten enge Beziehungen zur »Marienberger Schule« →S. 38. Am meisten Parallelen sind in der *Burgkapelle von Hocheppan* →S. 146 zu finden. Es ist offensichtlich, dass der Maler von Lana die Burgkapelle von Hocheppan kannte, die rund ein Jahrzehnt zuvor ausgemalt wurde. Manche Wissenschaftler vermuten sogar, dass die Fresken in Lana von den Eppaner Grafen gestiftet wurden. Dennoch sind in St. Margareth leichte Stiländerungen zu erkennen – ganz im Trend des frühen 13. Jahrhunderts: Es wird nicht mehr so streng nach byzantinischem Vorbild gearbeitet. Die Figuren wirken weniger erhaben, da die Gesichter runder und weicher, jedoch stilisierter gezeichnet sind und, es gibt weitaus mehr dekorative Details zu entdecken.

23 St.-Jakob-Kirche

Die St.-Jakob-Kirche liegt im kleinen Weiler Grissian im Tisner Mittelgebirge, auf einem Hügel, der auf zwei Seiten steil abfällt. Hier führt der »Jakobsweg Südtirol« entlang, als Teil eines uralten Höhenwegs, der im Mittelalter von Handelsleuten und Pilgern genutzt wurde. Wer heute das Kirchlein besucht, muss das letzte Stück übrigens auch zu Fuß gehen. Der Besinnungsweg dorthin ist den sieben Sakramenten gewidmet und wurde vom Glaskünstler Christoph Gabrieli aus Tisens gestaltet.

Im Gegensatz zu vielen anderen romanischen Kirchen ist die Entstehungszeit von St. Jakob deutlich erkennbar: Eine sechs Meter lange und neun Zeilen hohe Weiheinschrift zieht sich über die gesamte Höhe der drei Rundbogenfenster im Chorraum. *Sie bezeugt die Einweihung der Kirche am 12. Mai 1142 durch Bischof Hartmann von Brixen und nennt zahlreiche Reliquien, die im Altar verwahrt wurden.* Diese Inschrift wurde übermalt, als die Apsis und der Triumphbogen um 1210/1220 mit romanischen Fresken ausgestattet wurden.

Zur Freilegung der Inschrift wurden im Jahr 1927 schon Teile der spätromanischen Malereien in diesem Bereich abgenommen, diese

Die romanischen Fresken im Chorraum und an der Triumphbogenwand sind erstaunlich gut erhalten. Nur auf der rechten Seite wurde der Opfergang Abrahams teilweise durch den späteren Turmeinbau verdeckt. Das Highlight ist die detailreich dargestellte Berglandschaft am Triumphbogen.

Der Turm mit Pyramidendach wurde um 1380 errichtet. Gleichzeitig entstanden die gotischen Fresken, u. a. das Christusfresko mit Aposteln an der südlichen Außenfassade sowie die nur fragmentarisch erhaltene Jakobsvita an der Nordwand im Kircheninneren.

Fragmente sind heute im Bozner Stadtmuseum zu sehen. Weitere Restaurierungsarbeiten erfolgten in den Jahren 1956 bis 1958. Damals wurden die restlichen romanischen Fresken in der Apsis und am Triumphbogen freigelegt sowie die gotischen Fresken an den Wänden des Turmschachts und im Langhaus entdeckt. Damals wurden auch das barocke Tonnengewölbe und der barocke Altar entfernt. In der Wölbung der breiten Rundapsis ist eine Kombination aus »Majestas Domini« (Christus mit den Evangelistensymbolen) und »Deesis« (Christus mit den Fürbittern Maria und Johannes dem Täufer) dargestellt, die im Westen sehr selten vorzufinden ist.

Das Highlight in der St.-Jakob-Kirche ist zweifelsohne die Triumphbogenwand: Inhaltlich ist sie dem Thema des Opfers gewidmet, als Symbol für die Eucharistie. Im unteren Register ist die Parabel des Opfers von Kain (rechts) und Abel (links) dargestellt, ein typisches Motiv aus der romanischen Malerei, das die Wahl des Menschen zwischen Gut und Böse veranschaulichen soll und auch in *St. Nikolaus in Burgeis* →S. 41 zu finden ist. Wie fähig der Maler aber war, der vermutlich aus der »Marienberger Schule« →S. 38 stammte, zeigt sich im oberen Register: *Besonders detailreich ist der Opfergang Abrahams dargestellt, der auf einem Berg seinen Sohn Isaak opfern will.* Geschickt nutzt der Maler die Bogenkrümmung, um den beschwerlichen Anstieg auf den Opferberg zu verdeutlichen. Der rechte Teil der Opferhandlung wird durch den Turmzubau verdeckt.

Ungewöhnlich ist die präzise Ausstattung des Hintergrunds mit zinnenartigen, schneebedeckten Bergen. Lange wurden diese Felsformationen als älteste Darstellung der Dolomiten bezeichnet. Der Forschung zufolge stimmt das aber nicht: Die schroffen Gebirge beruhen auf einer Vorlage aus dem Orient und sind durchaus typisch für den byzantinischen Stil – mit diesem expressiven Mittel sollte Dramatik erzeugt werden.

Einen nicht weniger dramatischen Ausblick auf die Dolomiten können Sie hier trotzdem genießen, und zwar im Original. Besonders schön ist vom St.-Jakob-Kirchlein aus die Rosengartengruppe zu sehen.

KULTURSTÄTTEN

(21) St.-Kathrein-Kirche

St.-Kathrein-Straße, Hafling
hafling.com

(22) St.-Margareth-Kirche

St-Margarethen-Weg 9, Lana
lana.info

(23) St.-Jakob-Kirche

Grissian
tisensprissian.com

ERLEBEN

Höhenkirchen-Wanderung

Eine malerische Rundwanderung führt von Prissian über den Jakobsweg (Nr. 8, dann Nr. 12 und »Waldsteig«, Nr. 8) zuerst zum romanischen Kirchlein St. Jakob, danach geht es über den Weg Nr. 8 durch den Wald bis zur idyllischen Höhenkirche St. Apollonia in Sirmian. Bevor Sie den Rückweg antreten, sollten Sie im Gasthaus Apollonia direkt unterhalb des gleichnamigen Kirchleins einkehren: Authentische regionale Gerichte und eine herrliche Aussicht gibt es in diesem »Südtiroler Gasthaus« auf fast 1000 Höhenmetern. Im Frühling sind die einheimischen Spargel besonders zu empfehlen, im Herbst werden Törggele-Klassiker und gebratene Kastanien serviert.

Start/Ende Rundwanderung: Parkplatz Feuerwehrhalle Prissian, ca. 2 Stunden

Restaurant Apollonia
St.-Apollonia-Weg 3, Nals
restaurant-apollonia.it

ESSEN & TRINKEN

Kränzelhof mit Restaurant »miil«

Der mittelalterliche Ansitz »Kränzelhof« ist ein Erlebnis für alle Sinne: In den »7 Gärten«, darunter der »Garten der Liebe«, der »Yin & Yang-Garten« und der Labyrinthgarten, können Sie zur Ruhe kommen und sich von Kunstwerken inspirieren lassen, in der Vinothek gibt es edle Tropfen des Gutsbesitzers und Winzers Franz Graf Pfeil zu verkosten und kaufen. Und im Restaurant »miil« (für Mühle) kreiert Chefkoch Othmar Raich mit seinem Team mit saisonalen und möglichst biologischen Zutaten leichte, mediterrane Gerichte, die Südtiroler Wurzeln sind dennoch immer wieder erkennbar. Besonders schön ist es, im Sommer im Garten zu sitzen, neben dem alten Mühlstein.

Gampenstraße 1, Tscherms
kraenzelhof.it

Echte Qualität am Berg

In Meran und Umgebung und im Vinschgau werden ausgewählte Hütten von der Plakette »Echte Qualität am Berg« geziert: Das ist eine Auszeichnung für Berghütten und Almgasthöfe, die hausgemachte und authentische, regionaltypische Gerichte servieren. Besonders zu empfehlen für eine Wanderung samt genussvoller Einkehr sind die urige »Wurzeralm« oberhalb von Hafling und der Gasthof »Waldbichl« in Vöran, hier können Sie auch übernachten.

Waldbichl
Aschler Weg 11, Vöran
waldbichl.com

Wurzeralm
Wurzerweg 38, Hafling
wurzer-alm.com

Zwischen Knödeln & Wein

Im Süden Südtirols ist die Landschaft mediterran, auf den Anhöhen sitzen Burgen, in den Tallagen gedeiht Wein. Farbenprächtig bezeugen romanische Fresken, dass die beste kulinarische Symbiose schon lange bekannt ist. Entdecken Sie die ㉔ *Burgkapelle von Hocheppan* und die ㉕ *St.-Jakob-Kirche* in Kastelaz.

An der Südtiroler Weinstraße

Sie können sie gar nicht übersehen, wenn Sie in Südtirol unterwegs sind: Im unteren Eisacktal und im Etschtal ist die Landschaft von Weinbergen gesäumt, die sich über sanfte Hügel ziehen oder an steile Talhänge reihen. Das hat Tradition – in Südtirol wird Wein seit der Antike angebaut, schon die Räter lieferten Wein über die Alpen in den Norden. Und sie waren fortschrittlich: Als die Römer das Gebiet in den Bergen eroberten, staunten sie nicht schlecht, als sie den rätischen Wein in hölzernen Fässern vorfanden. Sie selbst verwendeten dafür nämlich noch Tongefäße, die für den Transport auf den ruckeligen steingepflasterten Straßen freilich weniger geeignet waren.

Unter den Römern wurde die lokale Weinkultur ausgebaut, und neue Sorten wurden gepflanzt, im Mittelalter wurden viele Weingüter von bayerischen und schwäbischen Klöstern geführt. Zum Wirtschaftsfaktor wurde der Weinbau schließlich unter den Habsburgern. Die Winzer begannen, sich in Genossenschaften zu organisieren, die erste Kellereigenossenschaft wurde 1893 in Andrian gegründet. Mit den Weltkriegen und bis hinauf in die 1980er Jahre durchlebte der Südtiroler Weinbau eine Achterbahn der Gefühle: Erst stagnierte die Nachfrage aus dem Norden, dann wurde mehr Masse statt Klasse produziert. Bis es den Südtirolern reichte: Sie begannen, auf Qualität statt Quantität zu setzen – mit Erfolg: Heute ist Südtirol die führende Weißweinregion Italiens, aber auch die roten Weine des Landes sahnen immer wieder internationale Auszeichnungen ab.

Mittlerweile gibt es über 200 Kellereigenossenschaften und Weinhöfe. Insgesamt werden jährlich etwa 330.000 Hektoliter Wein produziert. Bemerkenswert ist, dass der Weinbau in Südtirol sehr kleinteilig strukturiert ist – rund 5000 Weinbauern kümmern sich das ganze Jahr um das Gedeihen der Rebstöcke und Trauben, wobei ein Bauer im Durchschnitt nur einen Hektar Weinbaufläche besitzt. Ein Großteil der Weinberge liegt an der »Südtiroler Weinstraße«, die sich im Etschtal über 16 Weindörfer von Nals bis nach Salurn erstreckt.

Spitzenwein

Mit 5400 Hektar Weinbaufläche ist Südtirol zwar das kleinste Weinbaugebiet Italiens, aber eines der vielfältigsten und mit den meisten Auszeichnungen. Durch die verschiedenen Böden in den Weinbergen und ihre Höhenlagen zwischen 200 und 1000 Meter ist es möglich, rund 20 verschiedene Sorten Wein anzubauen. Drei davon sind autochthon: die roten Sorten »Lagrein« und »Vernatsch« sowie der weiße »Gewürztraminer«. Letzterer hat seinen klingenden Namen vom Weindorf Tramin.

Burgkapelle von Hocheppan

Typisch für das Landschaftsbild im Etschtal sind nicht nur die mediterranen Weinberge, sondern auch die vielen Burgen und Ansitze, die von der Bedeutung dieses Gebiets im Mittelalter zeugen. Besonders eindrucksvoll thront südwestlich von Bozen die Burg Hocheppan auf einem steilen Felshügel oberhalb von Missian in Eppan. *Die Anlage gehört zu den schönsten Wehrbauten des Landes.* Die Burg liegt auf 635 Meter Meereshöhe, die Aussicht reicht über das ganze Tal, bis zum Bozner Talkessel und hinauf ins fast 30 Kilometer entfernte Meran. In diese Richtung werden die Eppaner Grafen wohl öfters geschaut haben: Denn sie errichteten diese Trutzburg in strategisch günstiger Lage erst in der Mitte des 12. Jahrhunderts, als ihnen ihre Talresidenz zu unsicher wurde. Die größten Konkurrenten der Eppaner, die aufstrebenden *Grafen von Tirol* → S. 122, drängten nämlich vom Meraner Land gen Süden und versuchten, ihre Macht im Etschtal auszuweiten. Die Grafen von Eppan, 1116 erstmals erwähnt, waren als Lehnsmänner des Bischofs von Trient im 12. Jahrhundert für die Gebiete rechts der Etsch zuständig und eine der wichtigsten Adelsfamilien des Landes.

Die Burgkapelle ist älter als die Burganlage und stammt vermutlich aus der Zeit um 1100, darauf verweisen unter anderem die ein Meter dicken, unverputzten Mauern. *Die Saalkirche mit drei Apsiden liegt südlich des Burghofs und wurde 1131 geweiht,* wohl im Zuge der ersten Burgbauphase. Die Freude am Neubau währte allerdings nicht lange: Die Burg wurde bereits 1158 durch den bayerischen Herzog Heinrich den Löwen zerstört. Eine Strafmaßnahme: Die Ritter der Haderburg, die den Grafen von Eppan gehörte, hatten bei der Salurner Klause päpstliche Gesandte auf ihrem Weg nach Augsburg zum Stauferkaiser Friedrich Barbarossa überfallen und festgehalten. Wie es sich die Eppaner leisten konnten, die Burg gleich wiederaufzubauen und ihre Macht weiter auszubauen, ist unklar. Der ungewöhnliche Fünfeckturm sowie die Freskenausstattung der Burgkapelle entstanden erst in der zweiten Bauphase, im Auftrag von Ulrich III. von Eppan.

Der Freskenzyklus der Burgkapelle von Hocheppan entstand um 1210 und stellt aufgrund der einheitlichen Konzeption und Ausführung ein besonders wertvolles und einzigartiges Denkmal romanischer Wandmalerei in Tirol dar.

Wenn Sie die Burgkapelle betreten, werden Sie sich gleich wie ein Burgfräulein oder Graf fühlen: Die Kapelle versprüht mit ihren hochmittelalterlichen Elementen ein besonderes Flair. Während die Burg nach dem Aussterben des Eppaner Geschlechts Mitte des 13. Jahrhunderts zur Ruine verfiel, wurden in der Kapelle weiterhin Gottesdienste abgehalten. Bis 1926 war der Großteil der Fresken unter Tünche versteckt, mit Ausnahme der Mariä Heimsuchung an der Südwand. Die Wandmalereien haben sich nur deshalb fast vollständig erhalten.

An der Ostwand zeigt das Gewölbe der Mittelapsis eine thronende Maria mit Christusknaben und Engelsgarde. Maria in der Apsiskalotte ist ungewöhnlich für das Gebiet und insbesondere mit dem liegenden Christus im Arm aus dieser Zeit nur in weit entfernten Kirchen (z. B. Panhagia-Arakiotissa-Kirche

Die Mariendarstellung in der Apsiskalotte ist selten. Die prominente Positionierung Mariens spricht dafür, dass die Kapelle ursprünglich Maria geweiht war. Ab 1269 scheint die heilige Maria Magdalena als Patronin auf, 1538 wurde die Burgkapelle der heiligen Katharina geweiht.

Die auffällige Hirschdarstellung an der Fassade ist rätselhaft: Ist es König Aaron aus der Oswaldslegende, Dietrich aus dem Nibelungenlied oder der Höllenritt des Gotenkönigs Theoderich? Oder einfach eine profane Jagdszene?

Die Kapelle wurde im 11. Jahrhundert erbaut, darauf verweisen etwa die ein Meter dicken Mauern und das unregelmäßige Mauergefüge aus kleinteiligem Geröll. An der Westseite war die Kapelle einst mit dem Wohntrakt verbunden, so gelangten die Grafen direkt zur Empore.

Das Bild der Knödelesserin ist berühmt – und kurios: Es scheint fast, als würde die Köchin – sozusagen als erste Stärkung nach der Geburt Christi – Knödel für Maria kochen. Die Hand der heiligen Maria ist jedenfalls erwartungsvoll nach unten gestreckt.

auf Zypern) bekannt. War der Auftraggeber Ulrich III. dazu auf seinen Kreuzzügen (ab 1197) oder während der Aufenthalte in Sizilien und Zypern inspiriert worden? Unter dem Bild Mariens ist das Gleichnis der Törichten und Klugen Jungfrauen dargestellt, das Thema ist sonst nur noch in *St. Johann in Müstair* →S. 71 und der *St.-Margareth-Kirche* →S. 137 zu finden. Der byzantinische Einfluss, die Ausführung und das Bildprogramm verweisen auch hier auf die »Marienberger Schule« →S. 38, die Eppaner hatten verwandtschaftliche Beziehungen zu den Taraspern, den Stiftern Marienbergs.

Forscher vermuten, dass drei Handwerker mitgewirkt haben, wobei der Meister für die Ausmalung der Altarnischen zuständig war. In der linken Seitenapside sind Johannes der Täufer und Johannes der Evangelist mit dem Lamm Gottes dargestellt, rechts Christus mit Petrus und Paulus. An der Triumphbogenwand sitzt der Weltenrichter zwischen den Aposteln, die aus Platzmangel auf Süd- und Nordwand überkragen und qualitativ deutlich schwächer sind als die Apsidenbilder. An den Seiten der Altarmensa sind ein Kentaur und ein Reiter mit Schild und Lanze zu sehen.

An den Langhauswänden geht es im Uhrzeigersinn um das Leben Christi von der Inkarnation bis zur Auferstehung. Ebenso aus der Hand des Meisters ist wohl die Verkündigung und Heimsuchung Mariens an der Südwand. Besonders spannend ist dabei, dass Maria in einer Szene zu einer Frau schaut, die kocht und verkostet: Erraten Sie, was da Rundes im Topf schwimmt? Auch wenn sich Kunsthistoriker darüber streiten, es könnte das Lieblingsgericht der Südtiroler sein: Knödel!

Das Fresko der sogenannten »Knödelesserin« in der Burgkapelle von Hocheppan könnte die älteste Darstellung von Knödeln in Tirol sein, auf jeden Fall war die Speise hierzulande schon im Mittelalter bekannt und beliebt.

Die Fresken an der nördlichen Außenfassade erfolgten zeitgleich mit der Innenausmalung und werden auch dem Meistermaler zugeschrieben, insbesondere die Kreuzigung oberhalb des Eingangs zeigt im verhaltenen Pathos der Szene einen starken byzantinischen Einfluss und sind klar als Nachfolge der Marienberger Krypta einzuordnen. Weniger deutlich ist die Bedeutung des Reiters, der mit zwei Hunden einen Hirsch verfolgt, an der Eingangsfront. Das Bild entstand um 1180 und wurde im 16. Jahrhundert in einen drachentötenden heiligen Georg verwandelt. War hier ursprünglich eine mythologische Reiterfigur dargestellt, oder symbolisiert der gejagte Hirsch die verfolgte menschliche Seele? Es könnte sich genauso gut um eine höfische Jagdszene handeln. Falls Ihnen jetzt nach Jagd zumute ist, gibt es im Schlosswald einen Bogenparcours. Hunger? In der Burgschenke werden Knödel serviert.

25 St.-Jakob-Kirche

Auf dem Kastelazhügel in Tramin und von Weinbergen umgeben steht die St.-Jakob-

Kirche. Obwohl die schon zur Bronzezeit besiedelte Erhebung nur auf 250 m Meereshöhe liegt, reicht der Blick von hier über das gesamte Unterland bis zur Salurner Klause im Süden und nach Bozen im Norden.

Den Verbindungsweg zwischen Süden und Norden durch das Etschtal nutzten auch die Pilger, *die St.-Jakob-Kirche war im Mittelalter eine Station am Jakobsweg*. Die Kirche wurde erstmals 1214 urkundlich erwähnt, ist aber deutlich älter: Bauforscher datieren die kleine Saalkirche mit eingezogener Rundapsis auf die Mitte des 11. Jahrhunderts. Wenn Sie heute St. Jakob besuchen, finden Sie eine interessante Baukomposition vor: Der romanischen Kirche wurde Anfang des 14. Jahrhunderts der Turm mit Pyramidendach angefügt, um 1440 wurde in der Südwand ein großer Bogen ausgebrochen und der Kirchenraum um ein gotisches Nebenschiff erweitert, für den gemeinsamen Dachstuhl wurde das romanische Schiff etwas erhöht, um 1500 nordseitig die Sakristei angebaut.

Das Highlight in der St.-Jakob-Kirche sind die romanischen Fresken, die um 1210/1220 entstanden und sich über den Chorraum und die Triumphbogenwand ausbreiten: Das Bildprogramm beeindruckt insbesondere mit den mystischen Fabelwesen im sogenannten »Bestiarium« – eine derartige Vielfalt an dämonischen Mischwesen ist in der romanischen Wandmalerei einzigartig.

Die Wandbilder wurden im Jahr 1870 freigelegt und gehören damit zu den ersten der unter Tünche versteckten und längst in Vergessenheit geratenen romanischen Werke in Südtirol, die wiederentdeckt wurden. Unter kuriosen Umständen: Der Wiener Fabrikant Quirin Sottil hatte bei seiner Durchreise Teile der Fresken erspäht und schrieb in seiner Empörung über deren Zustand 1864 an den Altertumsverein Wien: »Auf einer Reise in Süd Tyrol fand ich bei dem Besuche des uralten Marktes Tramin in einer kleinen Kirche Malereien, wovon in der älteren Hälfte das Alter, in der neueren die Kunst als *merkwürdig und unbekannt dem gänzlichen Ruin der unwissenden Bewohner entrissen werden sollen, welches bei den armen Dorfverhältnissen nur durch den löblichen Alterthumsverein möglich ist.*« Sottils Bitte wurde gehört, tatsächlich wurden die Fresken wenig später freigelegt und *bereits Ende des 19. Jahrhunderts von deutschen Kunsthistorikern als »besonders interessantes Denkmal an der äußersten Grenze deutschen Kulturgebietes« gewürdigt*. Die Traminer hatten mit der kunsthistorisch wertvollen Entdeckung allerdings weniger Freude: Es ist dokumentiert, dass nach der Freilegung Teile der Fresken beschädigt wurden, da der Pfarrer Nägel für Vorhänge hatte einschlagen lassen: Er wollte die Bestien in der Sockelzone verdecken, denn sie schienen ihm für den Kirchenraum unangemessen und die Gläubigen seiner Gemeinde sollten sie nicht zu sehen bekommen …

Die spätgotischen Fresken im Südschiff wurden von Ambrosius Gander geschaffen. Berühmt ist die »Hühnerlegende«, der zufolge der heilige Jakob eine Woche lang einen zu Unrecht gehängten Mann festhält, bis dessen Eltern nach Santiago de Compostela pilgern und ihn lebend wiederfinden.

Schaurig-schön: Im unteren Bereich der Apsis in der St.-Jakob-Kirche in Kastelaz ist das schönste und vielfältigste Bestiarium des Landes zu finden. In der Mitte stand einst der Altar, das Fresko an der Langhauswand entstand Ende des 14. Jahrhunderts.

Auf der rechten Seite sind unter anderem Kynekephalos und eine Sirene abgebildet. Auffällig sind die präzise definierten Muskelpartien und die ausgesprochen fantasievollen Fratzen der Fabel- und Mischwesen von Kastelaz.

Inmitten von Weinreben thront das St.-Jakob-Kirchlein auf dem Kastelazhügel in Tramin: Von außen wirkt es unscheinbar, das Innere aber birgt herrliche Fresken von Heiligen, Fabelwesen und furchteinflößenden Ungeheuern.

Während die Fresken der *Burgkapelle von Hocheppan* →S. 146 aufgrund der Qualität und byzantinisch beeinflussten Ikonografie als Nachfolge der »Marienberger Schule« →S. 38 eingeordnet werden, hängen die Arbeiten in der 20 Kilometer weiter südlich gelegenen Kirche St. Jakob mit dem Bistum Trient zusammen. Die Ausmalung lässt sich mit jener der Kirche »San Bartolomeo e Tommaso« in Romeno am Nonsberg vergleichen. Manche Forscher vermuten, dass der Trienter Bischof Friedrich von Wangen der Auftraggeber des Programms gewesen sein könnte. Jedenfalls hatte der theologisch versierte Stifter zwar nicht die herausragenden Marienberger Maler zur Hand, dafür besticht die Ausmalung von St. Jakob mit einem außergewöhnlichen inhaltlichen Programm.

Zwischen Froh- und Drohbotschaft

Das Bildprogramm ist in drei Zonen unterteilt: Wie üblich findet sich auch hier in der Apsiskalotte Christus in der Mandorla, er wird von Maria und Johannes dem Täufer flankiert sowie von vier Wesen, die als Evangelistensymbole gedeutet werden. Somit handelt es sich um eine seltene Verschränkung der »Majestas Domini« (Christus mit den Evangelisten) und »Deesis« (Christus mit den Fürbittern Maria und Johannes), die so in Südtirol nur noch in der *St.-Jakob-Kirche in Grissian* →S. 140 vorzufinden ist. Darunter sind, paarweise disputierend und unter den Arkaden des himmlischen Jerusalem, die Apostel dargestellt. Die bunte Farbenpracht dieser beiden Zonen in der Apsis und dem nur fragmentarisch erhaltenen Opfer von Kain und Abel an der Apsisstirnwand setzt sich deutlich von der hellen Sockelzone ab, die das *prächtigste Bestiarium Südtirols* umfasst.

> Die furchteinflößenden Figuren in der Sockelzone sind der Kontrast zum Göttlichen und verdeutlichen die mittelalterliche Weltanschauung.

Die kämpfenden Fabelwesen wurden schon auf vielfache Weise gedeutet: Zeigen sie am Weltenrand ansässige, obskure Völker, nach antiker Vorstellung? Ist der weiße Hintergrund als Meer zu verstehen, in dem die Sünder ertrinken? Oder stehen die Mischwesen für bestimmte Laster? Dämonische Darstellungen sind in der Romanik immer wieder zu finden, üblicherweise als Fassadenbilder oder Säulenfiguren außerhalb der Kirchen. Die Position dieses Bestiariums im heiligsten Raum, der Apsis, ist tatsächlich ungewöhnlich, in diesem Punkt hatte der Traminer Pfarrer schon recht. Da das Chaos aber der Heilsordnung unterliegt, dürfte das Konzept didaktisch wohl besonders effektiv gewesen sein.

Die Vogelfrau links und das Mischwesen aus Ziege und Fischflossen rechts am Triumphbogen sind zwar durch den weißen Hintergrund formal dem Bestiarium zuzuschreiben, manche Kunsthistoriker interpretieren sie allerdings als Wesen der Zwischensphäre und Vertreter des Kosmos. Der Bogen wird von einem männlichen und einem weiblichen Atlanten in ungewohnter Körperfülle getragen, die zwischen Raum und Zeit vermitteln sollen.

KULTURSTÄTTEN

(24) Burgkapelle von Hocheppan

Wie im Mittelalter gejagt wurde, können Sie am 3D-Bogenparcours im Wald oberhalb der Burg Hocheppan lernen. Pfeil, Bogen und Köcher gibt es auszuleihen. Die **»Burgschenke Hocheppan«** hat nicht nur verschiedenste Knödelsorten im Angebot, sondern auch andere bodenständige Gerichte wie Gulasch und Polenta oder eine »Brettlmarende« mit Speck und Käse. Tipp: Am Eröffnungssonntag im April findet jährlich das Burgfest statt, mit Mittelalterflair, Musik, Führungen und Burg-Erlebnissen für die ganze Familie.

Parkplatz: Missian (40 Min. Fußweg zur Burg) oder Perdonig (30 Min. Fußweg)

Hocheppaner Weg 16
Missian/Eppan
hocheppan.it

(25) St.-Jakob-Kirche

Parkplatz: Tramin Zentrum (15 Min. Fußweg)

St. Jakob, Tramin
tramin.com

ERLEBEN

Auf den Spuren des Weins

Inmitten der sanften Weinhügel und unter stolzen Burgen entlang der Südtiroler Weinstraße können Sie in den zahlreichen Kellereien und Weinhöfen edlen Rebsaft verkosten und kaufen. Feinschmecker sollten die kulinarischen Veranstaltungen besuchen, die in den 16 Weindörfern stattfinden, es werden aber auch Weinseminare, gemeinsame Radtouren durch die Weinberge oder eine geführte »Winesafari« mit Shuttleservice angeboten, um die Südtiroler Weinwelt besser kennenzulernen.

Von Nals bis Salurn
suedtiroler-weinstrasse.it

Egetmann

Der »Egetmann«-Umzug in Tramin gilt als ältester Fasnachtsbrauch Tirols, er ist erstmals 1591 dokumentiert. Am Faschingsdienstag an ungeraden Jahren ziehen der »Egetmann«-Hansl und seine »Braut« samt ihrer merkwürdigen Hochzeitgesellschaft durch das Dorf: Die vielen Figuren sind beeindruckend, besonders die klappernden Schnappviecher (von den Einheimischen liebevoll »Wudelen« genannt), die prächtigen Wagen der »Waschweiber«, »Pfannenflicker« usw. und die kuriose »Altweibermühle«. Ziehen Sie nicht Ihr bestes Gewand an, Zuseher werden bei diesem Brauch schon mal mit Ruß, Schuhcreme oder Federn verziert.

Tramin
egetmann.com

Panoramafahrt

Als die Mendelbahn 1903 eröffnet wurde, galt sie als technische Höchstleistung und brachte illustre Gäste zur »Sommerfrisch« von Kaltern hinauf auf den Hausberg Mendel. Die Mendelbahn ist mit 64 Prozent eine der steilsten Standseilbahnen Europas, sie überwindet heute 800 Höhenmeter in 12 Minuten. Während der Fahrt und oben an der Bergstation auf 1363 m ü.M. gibt es eine grandiose Aussicht auf den Kalterer See!

Talstation St. Anton in Kaltern
kaltern.com

MMM Firmian

Schloss Sigmundskron zwischen Eppan und Bozen beherbergt das »Messner Mountain Museum Firmian« – das Herzstück der sechs von Bergsteigerlegende Reinhold Messner geschaffenen Museen. Hier geht es um die Geschichte des Alpinismus und die Beziehung zwischen Mensch und Berg. Für die Südtiroler hat Schloss Sigmundskron symbolische Bedeutung: Hier fand 1957 die größte Protestkundgebung Südtirols statt, bei der mit dem Ruf »Los von Trient« mehr Autonomie für das Land gefordert wurde.

Sigmundskroner Straße 53, Bozen
messner-mountain-museum.it/firmian/museum/

ESSEN & TRINKEN

Gartenbistrot Elena Walch

Im modernen Gartenbistrot des Weinguts Elena Walch können Sie zu feinem Käse oder kleinen Speisen die Weine der Winzerinnen Elena (vor 30 Jahren Südtirols erste Winzerin!) und ihrer Töchter Julia und Karoline genießen, auch den Lagenwein der »Vigna« Kastelaz. Besonders schön ist es hier im Sommer im Garten im Schatten der Bäume.

Andreas-Hofer-Straße 1, Tramin
elenawalch.com

Ansitz Pillhof

Der geschmackvoll renovierte Ansitz aus dem 15. Jahrhundert ist Vinothek, Weinbar und Restaurant in einem. Die Chefin und Sommelière Kathrin Oberhofer bietet eine beträchtliche Weinauswahl, die Gerichte der kleinen Speisekarte sind kreativ und schmecken. Berühmt ist das Rindstatar, aber auch die saisonal wechselnd belegte Bruschetta zu einem guten Glas Wein ist zu empfehlen – am besten im romantisch beleuchteten Innenhof.

Bozner Straße 48, Frangart
pillhof.com

Taberna Romani

Der denkmalgeschützte Ansitz aus dem 14. Jahrhundert liegt etwas versteckt, aber die Suche lohnt sich: In der Taberna speisen Sie drinnen zwischen historischen Mauern oder draußen in einem herrlichen Garten. Die Besitzer Sabine und Armin Pernstich bieten eine kleine, aber raffinierte Speisekarte. Die Zutaten kommen von regionalen Produzenten, die Kräuter sogar aus dem eigenen Garten. Tipp: das »Wipptal Lamm«.

Andreas-Hofer-Straße 23, Tramin
ansitzromani.com

Zur Rose

Herbert Hintner ist ein »Fixstern« am Firmament der Südtiroler Starköche. Das hat nicht nur damit zu tun, dass er seit über 20 Jahren seine Michelin-Auszeichnung hält, sondern auch mit seiner unerlässlichen Suche nach den Wurzeln der Südtiroler Küche – und den urigsten Produkten des Landes. Hintner hat zahlreiche Kochbücher geschrieben, in seinem Restaurant serviert er kreative Neuinterpretationen wie die »Kloazn-Ravioli mit Graukäse«. Hintners Frau Margot serviert zum saisonal wechselnden Menü den passenden Wein.

J.-Innerhofer-Straße 2, St. Michael/Eppan
zur-rose.com

Weitere Infos zu Eppan unter:
eppan.com

Glossar

Altar wie **Mensa:** Opfertisch im Chorraum, in der Romanik meist aus Naturstein

Ambo wie **Kanzel:** erhöhter Ort in Kirche zur Verkündigung des Wortes

Apsis (Plural Apsiden): der liturgisch bedeutendste Ort der Kirche, im Chor und in der Romanik stets nach Osten ausgerichtet. In der Regel ist dieser Teil in der romanischen Architektur bereits von außen vom Kirchenschiff zu unterscheiden, meist hat die Apsis die Form eines Halbkreises, manchmal gibt es auch drei Apsiden. Meist ein detailreich gestaltetes Bauelement. Die Apsis wird von einer Halbkuppel, der **Apsiskalotte,** überdeckt, dieser Platz ist der prominenteste in der Kirche und deshalb Darstellungen des Weltenherrschers oder der heiligen Maria vorbehalten.

Biforien/Triforien: Kuppelfenster aus zwei oder drei Teilfenstern, die durch Mittelsäulen gegliedert sind

Chor: erhöhter Kirchenraum mit Altar im vorderen Bereich der Kirche

Christus in der Mandorla: Eine kosmische **Aureole** umgibt Christus, sie wurde in der frühchristlichen Kunst als Lichtwolke dargestellt, in der Romanik dann zur geometrischen Farbfläche umgestaltet. Christus wird in der Romanik als **Pantokrator,** als Weltenherrscher und Weltenrichter gezeigt. Meist thront er auf einem Bogensegment, manchmal sitzt er in einem Thronsessel, in der linken Hand hält er das Buch des Lebens, die rechte Hand erhebt sich zum Segensgestus.

Empore: Erhöhte Tribüne; bei Eigenkirchen/Burgkapellen waren die Emporen meist den adligen Besitzern vorbehalten.

Kirchenschiff oder **Langhaus:** Längsräume bzw. lang gestreckter Hauptteil der Kirche. Eine **Saalkirche** ist einschiffig, hat also nur einen Hauptraum. Bei mehrschiffigen Kirchen wie Basiliken ist das Hauptschiff durch Säulen oder Pfeiler von den Neben- bzw. Seitenschiffen abgetrennt.

Mäander: lineares Stilelement, ein wellen- und zickzackförmiges Schmuckband, das bereits in der Jungsteinzeit als Verzierung genutzt wurde, als typisch für die griechische Kunst gilt und auch in der Romanik als Schmuckband eingesetzt wurde

Majestas Domini: Üblicherweise sitzen neben der Aureole die vier apokalyptischen Wesen, die Symbole für die vier Evangelisten, die Christus in seiner Funktion als Weltenrichter begleiten. Seltener ist im alpenländischen Raum die byzantinische Darstellung der **Deesis,** wobei Christus als Pantokrator von Maria und Johannes dem Täufer flankiert wird, welche als Fürbitter für die Menschen stehen.

Profanierung: bezeichnet die Entweihung einer Kirche bzw. das Ende der Nutzung der Kirche als sakralen Raum

Stifter: Gründer, Erbauer oder Geldgeber eines Bauwerks

Triumphbogen: Der Rundbogen verdeutlicht die Abtrennung von Langhaus (für das Volk) und den sakralen Chorraum. Meist an der Ostwand des Langhauses, die deshalb auch oft **Triumphbogenwand** genannt wird.